本书由浙江树人学院中国文化阐释与传播研究中心资助

东亚流行文化解析

姜梅花　主　编

中国纺织出版社有限公司

内 容 提 要

本书从六个层面对东亚流行文化进行了深入解析：第一，"东亚流行文化的概念"，主要从概念上探讨什么是东亚文化及东亚流行文化；第二，"东亚动漫文化解析"，从漫画的发展渊源及价值观，阐述中国动漫对传统文化的传承；第三，"东亚音乐文化解析"，从东亚音乐文化的起源、东亚音乐文化的特征、中国流行音乐的发展等多方面探讨东亚国家音乐文化的形成与传承；第四，"东亚电影文化解析"，从东亚电影文化概念、风格以及中国电影的流行文化解析东亚国家电影文学的发展；第五和第六，从"东亚汉字文化"和"东亚传统生活文化"解析东亚国家的相关发展。

图书在版编目（CIP）数据

东亚流行文化解析 / 姜梅花主编 . -- 北京 ：中国纺织出版社有限公司, 2023.6
ISBN 978-7-5229-0716-1

Ⅰ . ①东… Ⅱ . ①姜… Ⅲ . ①现代文化-研究-东亚
Ⅳ . ① G131

中国国家版本馆 CIP 数据核字（2023）第 116341 号

责任编辑：张 宏 责任校对：高 涵 责任印制：储志伟

中国纺织出版社有限公司出版发行
地址：北京市朝阳区百子湾东里 A407 号楼 邮政编码：100124
销售电话：010—67004422 传真：010—87155801
http://www.c-textilep.com
中国纺织出版社天猫旗舰店
官方微博 http://weibo.com/2119887771
三河市宏盛印务有限公司印刷 各地新华书店经销
2023 年 6 月第 1 版第 1 次印刷
开本：787×1092 1/16 印张：10
字数：183 千字 定价：98.00 元

PREFACE 前言

东亚是一个拥有悠久历史和独特文化的地区，包括中国、日本、韩国以及其他周边国家。东亚流行文化是指在东亚地区内广泛传播和受欢迎的一系列文化现象，涵盖了各种领域，如音乐、影视、时尚、娱乐和社交媒体等。本书将深入探讨东亚文化流行的不同方面，并着重解析东亚动漫、音乐、电影和汉字等文化元素的发展和影响。

第一章主要介绍东亚流行文化的概念。本章分为三节：第一节重点探讨东亚地区的地理、历史和文化特点，并解析东亚文化与其他地区文化的异同之处；第二节重点探讨东亚文化的内涵和特征；第三节重点研究东亚流行文化的形成和发展，探讨其在当代社会中的影响力。

第二章主要解析东亚动漫文化。本章分为三节：第一节重点介绍漫画的诞生与发展，同时追溯东亚动漫的起源和演变过程；第二节深入探讨东亚动漫的价值观，包括其中所蕴含的思想和文化观念；第三节重点关注中国动漫对传统文化的表达和传承，探讨动漫作品对于传统文化的传播和保护起到的作用。

第三章主要解析东亚音乐文化。本章分为三节：第一节重点介绍东亚音乐文化区概况，包括不同国家和地区的音乐风格和特点；第二节深入研究东亚音乐文化的特征，包括乐器、曲调和表演形式等；第三节重点关注中国流行音乐的发展，探讨其在现代社会中的流行程度和影响力。

第四章主要解析东亚电影文化。本章分为三节：第一节重点介绍东亚电影文化概况，包括不同国家和地区电影产业的兴起和发展；第二节深入探讨东亚电影文化的风格，包括其在故事叙述、美学风格和影像表达方面的独特之处；第三节重点研究中国电影的流行文化，探讨中国电影在大众文化中的地位和影响力。

第五章主要解析东亚汉字文化。本章分为两节：第一节重点探讨"汉字"一词的词源，阐明汉字在东亚地区的重要性和特殊地位；第二节着重研究汉字在东亚的传播历程，包括其对周边国家和地区文化的影响和吸收。

第六章主要解析东亚传统生活文化。本章分为两节：第一节重点介绍东亚的饮食文化，探讨中国、日本和韩国三个国家的传统饮食习惯和特色菜肴；第二节深入研究东亚的生活文化，包括居住方式、家庭结构和礼仪习俗等。

总之，本书旨在帮助读者更好地了解和理解东亚流行文化。一方面，我们深入研究东亚动漫、音乐、电影和汉字等文化元素的发展历程和影响力，探讨其在当代社会中的地位和意义；另一方面，我们积极思考相关问题，激发读者对东亚文化的思考和探索。通过阅读本书，读者能够更加全面地认识和欣赏东亚丰富多样的文化遗产，并深入思考其在全球化时代的意义和发展方向。

编者

2023 年 5 月

CONTENTS **目录**

第一章　东亚文化流行的概念

第一节　东亚概况

一、东亚作为一个地理区域古已有之

东亚作为一个地理区域，其社会和文化概念经历了三个时期的演变。自古以来，东亚就存在着独特的文明发展，并成为世界上伟大的文明地域之一。在历史上，东亚曾经形成了一个以中国为中心的国际秩序体系，被西方学者称为"朝贡体系"，而日本学者更深入地理解了古代东亚秩序的真谛，使用了"华夷秩序"和"册封体制"等概念。

在古代东亚地区，中国作为文明古国的中心，影响着周边国家和地区的政治、经济和文化发展。东亚地区的国家往往以中国为榜样，并通过朝贡体系与中国建立密切的政治和经济联系。朝贡体系是一种以中国为中心的国际秩序体系，其中各国向中国朝贡，以获取政治认可和贸易特权。这种体系不仅是一种政治制度，还涉及文化交流、知识传播和价值观念的传承。

华夷秩序是日本学者提出的概念，它强调了东亚地区国家间的等级秩序和文明差异。根据这个观点，中国被认为是高等文明的代表，而周边国家被视为较低等的文明，形成了一种等级制度。同时，这个概念体现了东亚地区在政治、经济和文化方面对中国的依赖和尊重。

另一个日本学者提出的概念是册封体制，它强调了中国作为东亚文化中心，通过册封来维持对周边国家的统治和影响力。中国的皇帝会以册封的方式承认周边国家的君主，并赋予他们特权和荣誉。这种体制既是政治上的一种表现，也是文化交流和价值观传播的一种途径。

东亚作为一个地理区域，其社会和文化概念经历了不同时期的演变。从古代的朝贡体系到日本学者提出的华夷秩序和册封体制，这些概念都反映了东亚地区的特殊历史和文化背景。理解这些概念有助于我们更深入地了解东亚的历史和文化，并推动我们对东亚地区的研究和理解。

二、"东亚"概念的产生

"东亚"属于外来词语，最早由欧洲人使用。根据学者的考证，在 1897 年一位欧洲学者出版的关于东亚美术史的著作中，首次出现了"东亚"这一概念。随后，这个概念开始流行并被广泛使用。这表明"东亚"这一概念的产生与欧洲学者对东亚地区的研究和描述有关。

当时，西方人所说的"东亚"一般包括东部西伯利亚、中国、蒙古国、朝鲜半岛、日本和东南亚等地区。这个范围也被认为是传统的东亚概念所涵盖的。然而，这些概念以西方为中心，带有浓厚的欧洲中心主义色彩。欧洲人在描述亚洲地区时，将自身的视角和利益置于前提，并用自己的地理标准来界定不同地区。

三、"东亚"概念的本土化

20 世纪 90 年代后，东亚地区出现了一系列的区域合作机制和倡议，如东亚峰会、东亚经济合作等。这些合作机制的建立为东亚各国提供了更广泛的合作平台，也促进了彼此之间的经济合作、政治对话和文化交流。此外，东亚地区的自由贸易协定和经济一体化进程也有助于加强地区间的经济联系和互利共赢。通过这些合作，东亚各国开始共同面对共同的挑战和问题，建立了一种共同的利益和责任意识。

同时，东亚地区的经济发展和社会变迁促进了地区意识的形成。东亚国家和地区之间的贸易和投资往来日益增多，人员往来频繁，文化交流日益活跃。这种密切的交流使东亚各国的人民更加了解和尊重彼此的文化传统和价值观念，充分认识到彼此的共同性和联系，进一步增强了地区意识。

在这一背景下，"东亚"这一概念逐渐从一个外来的概念转变为地区意识和地区认同的本土概念。东亚国家和地区开始自觉地将自身纳入东亚地理区域，并认同自己作为东亚的一部分。这一本土概念不仅涉及地理边界的定义，更重要的是表达了东亚国家和地区之间的共同利益、相互依存和共同发展的愿景。

这一本土概念变迁反映了东亚地区意识的日益增强和地区认同的形成。东亚国家和地区越来越意识到共同发展的重要性，通过加强合作和对话来应对共同的挑战和问题。"东亚"这一本土概念不仅代表了地理区域，更成为东亚国家和地区共同追求繁荣和稳定的象征。这一概念的本土化将进一步促进东亚地区的合作与发展。随着"东亚"概念的本土化，东亚各国和地区更加重视彼此之间的相互合作与交流，通过共同努力解决共同面临的挑战，共同努力推动地区的发展与繁荣，实现共同的目标与愿景。

第二节　东亚文化

一、东亚文化的内容

东亚文化是指东亚地区包括中国、日本、韩国和其他周边国家所共有的文化特点和价值观念。它是一个广泛而丰富的概念，涵盖了各种领域，如艺术、哲学、文学、音乐、戏剧、风俗习惯等。东亚文化的概念凸显了这一地区的历史、地理和人文背景，以及东亚国家之间的相互影响和交流。

（一）儒家思想

儒家思想对东亚文化产生了深远的影响。儒家思想强调家庭价值观、孝道、礼仪及社会和谐。这些价值观在东亚地区的社会生活、教育和政治中起到重要的作用。

1. 家庭价值观

儒家思想强调家庭的重要性和家庭成员之间的关系。家庭被视为社会的基本单位，家族的延续和传承被视为至高无上的责任。孝道是儒家思想中的核心价值观之一，强调对父母和长辈的尊敬和孝顺。家庭内的和睦与和谐被认为是社会稳定和个人幸福的基石。

2. 礼仪与道德

儒家思想注重礼仪和道德规范的遵守。礼仪被视为社会秩序和个人品德的体现，通过遵守适当的行为准则来维系社会和谐。儒家思想还强调人与人之间的互动应遵循一定的礼仪规范，以促进相互尊重、和谐共处和社会稳定。

3. 教育与人文主义

儒家思想对教育有着深远的影响。儒家思想强调教育是培养人才和塑造个人品格的重要手段，既注重知识的传授，也注重培养人的品德和道德修养。儒家的人文主义观念强调人的尊严和价值，强调个人责任和奉献，鼓励追求卓越和发展全面的人格。

4.社会和谐与公共利益

儒家思想强调社会和谐与公共利益的重要性。个人的追求应该符合社会的整体利益，个人利益应该服从于社会整体的利益。儒家思想强调道德行为和公共责任，倡导君子的道德修养与为国家和社会做出贡献的精神。

儒家思想的影响可以在东亚各国的社会结构、家庭伦理、教育制度以及政治理念中得以体现。它在东亚地区形成了一种独特的文化基因，深深植根于社会的方方面面，为东亚国家的发展和社会秩序提供了稳定的基础。

（二）传统艺术

传统艺术是东亚文化中不可或缺的一部分，展现了东亚地区独特的审美观念、技艺和创作风格。

中国的传统绘画是世界上最古老和最重要的艺术形式之一。以水墨为主要媒介，中国绘画注重表现意境和气韵，强调自然界的美与哲理。山水画、花鸟画和人物画都是中国传统绘画的重要流派，艺术家们通过线条、墨色和构图的运用，表现出深远的哲学意味和精神内涵。

中国的陶瓷艺术也享有盛誉，被誉为"陶瓷之乡"。从古代的青铜器到明清时期的瓷器，中国的陶瓷作品以其精湛的工艺和独特的装饰风格闻名于世。景德镇、宜兴等地成了中国陶瓷的重要产地，其中著名的青花瓷、汝窑和瓷器烧制技术在世界范围内具有重要影响。

中国的书法艺术被视为一种高度艺术形式和文化表达方式。书法艺术强调字形的美感、笔墨的运用和意境的表达，通过汉字的书写来传递思想和情感。楷书、行书、草书和篆书是中国书法的主要风格，每种风格都有其独特的特点和韵味。

剪纸艺术是中国传统的手工艺术形式，通过剪刻纸张来创造出各种形象和图案。剪纸作品常常用于装饰和庆祝活动，展示了中国民间艺术的创造力和精巧技艺。

日本的浮世绘是一种著名的木刻版画艺术，源于江户时代。浮世绘作品通过细致的线条和鲜艳的色彩，描绘了日本人的日常生活、历史事件和自然景观。著名的浮世绘画家如歌川广重和葛饰北斋的作品至今仍然广受赞赏。

日本的茶道和花道是日本传统文化的重要组成部分。茶道强调礼仪、谦逊和精神意境，通过泡茶、品茶和交流来追求内心的宁静和谐。茶道的核心是茶席的准备和茶具的使用，以及茶人与客人之间的互动和共享。花道（生け花）是一种以花卉和枝叶为材料，通过剪裁、插花和布置来表达自然之美的艺术形式。花道注重自然、简约和平衡的美感，强调观者与花朵之间的共鸣和沟通。

日本的传统戏剧也是东亚文化的重要组成部分。能剧是一种古老的宫廷舞蹈和音乐剧，以精美的面具、华丽的服装和细腻的动作表演而闻名。歌舞伎则是一种具有戏剧性和表演性的传统戏剧形式，演员们通过特殊的化装和服装，表达戏剧角色的情感和性格。能剧和歌舞伎不仅在日本国内备受喜爱，也在国际上享有盛誉。

韩国的传统音乐和舞蹈也是东亚文化的重要组成部分。传统音乐以箫、琴、鼓和笛等乐器为基础，注重情感表达与和谐的韵律。舞蹈则通过舞姿、手势和动作来表达情感和故事情节。韩服作为韩国传统服饰，具有独特的设计和装饰，强调线条的优美与色彩的和谐。

总体而言，东亚地区的传统艺术形式通过独特的审美观念、技艺和创作风格，展现了丰富多样的文化遗产和艺术表达。这些艺术形式不仅是东亚文化的瑰宝，也对世界艺术产生了重要影响，成为人们了解和欣赏东亚文化的窗口。

（三）传统节日和庆典

中国的春节是东亚地区最重要的传统节日之一。中国的春节、清明节、中秋节、七夕节等，日本的新年（正月）、盆节等，韩国的春节，都是丰富多彩的庆典和传统习俗的体现。

中国的春节庆祝活动通常持续数周，人们会进行一系列的传统习俗和庆祝活动。这包括贴春联、贴窗花、家庭聚餐、拜年、放鞭炮、舞龙舞狮、舞蹈表演、赏花灯等。人们会穿上新衣服，互相拜年祝福，并赠送红包（压岁钱）给年幼的亲戚和孩子们。春节期间，家庭团聚、亲友相聚，共同享受喜庆的氛围。

清明节是中国传统的祭祀节日，人们会前往祖先的坟墓扫墓、祭祀和献上供品。此外，清明节也是人们踏青游玩的时机，许多人会选择去郊外的公园、山区或风景名胜区，欣赏春天的美景，采摘鲜花、草药和野菜。

中秋节的庆祝活动主要围绕月亮展开。人们会赏月、吃月饼、品尝柚子、举行家庭聚会等。中秋节的特色食物是月饼，人们会互相赠送月饼以表示祝福和团圆。

七夕节庆祝了牛郎织女的相会。人们会在这一天向星星许愿，祈求幸福和美满的爱情。七夕节的活动包括悬挂装饰、写下愿望、赏月和参加庆祝活动。

日本的新年（正月）是一个重要的传统节日，人们会举行各种仪式和庆祝活动。除夕夜（大晦日）的除夕钟声会迎接新年的到来，人们会参拜寺庙、整理家中、举行传统的新年饭和亲友团聚。此外，也有一些特殊的新年传统，如初日拜年、写年轮、赏花饭等。

韩国春节又称"旧正",是韩国重要的传统节日之一,庆祝活动持续数天。人们会进行祭祀仪式、传统舞蹈表演、传统音乐演奏、传统游戏和庙会等活动。其中,最具代表性的是举行"新年祈愿"仪式,人们会向祖先祈祷、献上食品和供品,并祈求来年的好运和繁荣。此外,也会举行传统舞蹈表演,如韩国传统舞蹈团体的演出,展示优美的舞姿和精湛的技艺。在庙会上,人们可以品尝传统美食、参与传统游戏和体验传统手工艺品制作等活动。

传统节日和庆典在东亚地区是人们传承和庆祝传统文化的重要方式。它们不仅展示了东亚地区丰富的文化遗产,也是人们表达敬意、团聚和欢庆的时刻。这些传统节日和庆典反映了东亚文化中的价值观、信仰体系和社会习俗,并通过举办各种仪式、活动和庆典来传承和弘扬这些文化传统。无论是在中国、日本、韩国还是其他东亚国家,人们都以热情和喜悦的心情参与其中,共同庆祝和享受这些独特的文化盛事。

(四)传统文学

东亚地区的传统文学作品丰富多样,反映了各国丰富的文化遗产和独特的文学传统。中国的古代文学作品被认为是世界文学宝库中的瑰宝之一。《诗经》是中国最早的诗歌集,收录了许多民间诗歌,展现了古代中国社会的风貌和人民的情感。《论语》是儒家经典之一,记录了孔子及其弟子的言行,强调了道德伦理和个人修养的重要性。《红楼梦》是中国四大名著之一,以细腻的描写、丰富的人物形象和深刻的人性揭示而闻名于世。

日本的古典文学作品也享有盛誉。《源氏物语》是日本文学史上的经典之作,被认为是世界上最早的长篇小说之一。它以细致的描写和复杂的情感展示了平安时代贵族社会的生活和人物之间的爱情纠葛。《枕草子》是一部以散文形式写成的随笔集,记录了作者的日常生活、观察和思考,体现了日本文人的审美追求和情感体验。

这些传统文学作品不仅在东亚地区具有重要地位,也在世界范围内产生了广泛的影响。它们通过细腻的描写、深刻的思考和丰富的情感,展示了东亚文化的独特之处和丰富内涵。同时,这些作品是人们了解东亚地区历史、文化和价值观的重要窗口,为跨文化交流和理解提供了宝贵的资源。

(五)传统音乐和舞蹈

东亚地区的传统音乐和舞蹈是文化遗产中的重要组成部分,代代相传,保留了丰富多样的艺术形式和表现方式。

中国的古典音乐源远流长,其中包括雅乐、宫廷音乐和民间音乐等多种形式。雅乐是中国古代宫廷音乐的代表，以其庄重典雅的曲调、复杂的乐器编制和严谨的演奏规则而闻名。它是一种古老而庄重的音乐形式，通常在重要场合如皇家仪式和祭祀活动中演奏。民间音乐则展现了中国不同地区的风土人情，如京剧、评剧、豫剧等都是中国传统戏曲中的代表，以其独特的音乐表演和戏剧性的表现方式而备受瞩目。

日本的传统音乐受中国音乐的影响，发展出独特的音乐风格。雅乐、尺八和筝等是日本传统音乐的重要乐器。雅乐是日本古代宫廷音乐的一种形式，它注重氛围的营造和音乐的细腻表达，常与舞蹈相结合。尺八是一种竖笛，以其悠扬的音色和独特的吹奏技巧而受到广泛赞赏。筝是一种弹拨乐器，常用于独奏和伴奏，演奏时常伴随传统舞蹈的表演。

韩国的传统音乐也有着独特的风格和表现形式。传统宫廷音乐是韩国古代宫廷生活中的重要组成部分，以其庄重典雅的音乐和舞蹈表演而闻名。民间音乐则包括了各种地方乐器和歌舞形式，如长鼓舞、扇舞、圆舞等，它们展现了韩国人民的生活情趣和乡土文化。

传统舞蹈在东亚文化中也占据重要地位。在中国的古典舞中，有着丰富的舞蹈剧目，如《白蛇传》《梅花三弄》《杨贵妃》等，它们通过舞蹈动作的精妙表达和服饰的华丽呈现，展现了中国古代文化和历史故事。民间舞则更加注重活泼欢快的节奏和热情的表演形式，通常在庆典、婚礼和节日等场合中欢快地舞动。民族舞蹈则体现了不同少数民族的文化特色，如蒙古族的蒙古舞、藏族的藏舞等，展示了多元文化的魅力。

日本的传统舞蹈也丰富多样，其中最具代表性的是日本舞。日本舞注重舞者的姿态和表情，通过精确的动作和精致的服装来表达情感和故事。另外，盆舞和扇舞等民间舞蹈也是日本文化中重要的组成部分，经常在庆典和节日活动中演出，给人们带来欢乐和祝福。

韩国的传统舞蹈则以其独特的舞蹈动作和优雅的舞姿而著称。传统舞蹈注重身体的协调和舞姿的优美，常常通过手扇、长裙等舞具来增添舞蹈的艺术感。韩国的传统舞蹈多样且富有表现力，如扇舞、圆舞等，每个舞蹈都有其独特的故事和表达方式。

传统音乐和舞蹈是东亚文化中重要的艺术形式，它们不仅展示了东亚地区的历史和传统，也承载着人们的情感和价值观。通过音乐和舞蹈的表演，人们能够深入体验东亚文化的独特魅力，并感受到不同国家之间的文化联系和交流。这些传统艺术形式在当代依然受到人们的喜爱和传承，同时与现代艺术形式相结合，不断创新和发展，使东亚文化在全球范围内得以传播和欣赏。

（六）传统美食

中国的传统美食展示了其丰富的地域文化和烹饪技艺。各个地区都有自己独特的特色菜肴，如四川的麻辣火锅、广东的粤菜、北京的炸酱面等。中国菜注重色、香、味、形的协调，强调食材的新鲜和烹饪的精细，兼具饮食文化和烹饪技巧的传承。

日本的传统料理以寿司、生鱼片和烧烤等为代表。寿司以新鲜的生鱼片和米饭为基础，展现了日本人对食材原汁原味的追求。烧烤则以炭火烹制，保留了食材的鲜美和原始风味。此外，日本的拉面、天妇罗、冷面等也是深受人们喜爱的传统美食。

韩国的传统料理注重发酵和辛辣调味，以泡菜、石锅拌饭、烤肉等为代表。泡菜是韩国餐桌上常见的一道配菜，通过发酵的过程增添了食物的风味和营养价值。石锅拌饭是将米饭、蔬菜、肉类等放入石锅中翻炒而成，具有独特的口感和香气。烤肉则是韩国人喜爱的料理方式，通过炭火烧烤，使肉类更加鲜嫩多汁。

传统美食不仅是东亚饮食文化的重要组成部分，也是人们生活的一部分。它们代表着地域的特色和传统的烹饪技艺，承载着人们对食物的热爱和对美食文化的传承。随着全球化的发展，东亚传统美食也在全球范围内受到欢迎和推崇，成为东亚文化的重要使者。同时，传统美食在现代的发展中不断创新和融合，与当代餐饮文化相结合，形成了新的美食风格和潮流。

二、东亚文化的基本特征

东亚文化作为一个地区的文化，具有一系列基本特征，既表现出相对的同质性或整体性，又展现出多样性与差异性。同时，东亚各国之间的文化传播具有双向互动的显著特点。

（一）东亚文化呈现出相对的同质性或整体性

由于地理接近、历史渊源相近以及长期的交流互动，东亚各国的文化在某种程度上展现出共同的特点和价值观。儒家思想是东亚文化的重要组成部分，强调家庭伦理、孝道、礼仪以及社会和谐，成为东亚文化的核心价值观。此外，东亚地区的传统艺术形式、节日庆典和传统习俗也具有相似性，如春节、新年庆典、茶道和传统戏剧等。

1. 共同的价值观

儒家思想是东亚文化的核心，对东亚各国的价值观和道德观念产生了深远影响。儒家思想强调家庭伦理、孝道、礼仪以及社会和谐，这些价值观贯穿于东亚社会的方方面面，成为人们行为准则的基础。

2. 社会和谐与共同体意识

东亚文化强调社会和谐与共同体意识，注重个人与社会的关系。个人的利益通常被置于社会整体的利益之上，强调个人责任和奉献精神。这种共同体意识在家庭、社区和整个社会中得到体现，推动着社会的稳定与和谐发展。

3. 传统艺术与文化表达

东亚地区拥有丰富多样的传统艺术形式，如音乐、舞蹈、戏剧、绘画和书法等。这些艺术形式在东亚文化中具有重要地位，通过艺术表达和传统故事的诠释，人们传承和弘扬着东亚的文化传统。

4. 重视教育与知识

东亚文化对于教育和知识的重视可追溯到古代。传统上，东亚社会非常重视教育的价值，并将其视为提升社会地位和个人修养的重要途径。这种重视教育的文化传统在现代东亚社会仍然存在，并在教育体系和家庭教育中得到体现。

5. 传统节日和习俗

东亚地区拥有一些共同的传统节日和习俗，这些节日和习俗通过庆祝活动、家庭团聚和文化表演等形式，加强了人们的归属感和文化认同。

尽管东亚文化呈现相对的同质性或整体性，但也存在一定的地域差异和文化多样性。各个国家和地区在东亚文化的基础上，仍然保留着自己独有的文化特色和风格。这些地域差异和文化多样性是由历史、地理和社会因素所决定的。

（二）东亚文化展现出多样性与差异性

尽管东亚各国在某些方面具有共同的文化特点，但每个国家都保留了自己独特的文化传统和风格。中国的传统绘画、陶瓷艺术、书法等具有悠久的历史和独特的风格，日本的浮世绘、茶道、传统戏剧以及和风艺术展示其独有的文化特色，朝鲜（韩国）的传统音乐、舞蹈和传统服饰也具有独特的风格。

1. 中国文化

中国的传统绘画以山水画、花鸟画和人物画为主要形式，注重表达意境和气韵。中国的陶瓷艺术以青瓷、景德镇瓷器等闻名，追求雅致和精湛的工艺。书法作为一种独特的艺术形式，注重笔墨的运用和书写的艺术美感。中国的传统音乐包括古琴、二胡、京剧等，以其独特的音调和旋律风格闻名于世。

2. 日本文化

日本的浮世绘是一种独特的木刻版画，以生动的色彩和细腻的线条表现了日本社会和日常生活的场景。茶道是一种重要的传统文化，强调礼仪、美学和精神修养。日本传统戏剧形式包括能剧、歌舞伎等，以其戏剧性和精湛的表演技巧而著名。和风艺术体现了日本人对自然和季节的敏感，如花道、盆景、日式庭院等。

3. 韩国文化

韩国的传统音乐具有独特的音调和情感表达方式。传统舞蹈强调优雅的动作和节奏感，展现了韩国文化的精神和美学。韩国的传统服饰韩服以其华丽的设计和细腻的绣花而著称，不同的服饰款式和颜色反映了社会地位和场合的差异。

这些是东亚文化中的一些典型例子，但实际上每个国家还有更多独特的文化元素和传统。此外，东亚文化还受现代化和全球化的影响，新的文化形式和创新在东亚社会中也逐渐兴起，如流行音乐、时尚、电影等。

总之，东亚文化呈现多样性与差异性，每个国家都有其独特的文化传统和风格。然而，东亚各国之间也存在相互影响和交流，通过文化借鉴、节庆活动、艺术产业和跨国合作等方式，促进着文化的多元化和发展。

（三）东亚文化传播具有双向互动的突出特点

中国文化对日本、朝鲜、韩国等东亚国家产生了巨大的影响。汉字和儒学的传入对这些国家的文化产生了深远影响，并成为其重要的文化遗产。同时，各具特色的日本、朝鲜、韩国等东亚国家的文化对中国文化的发展与影响起到重要作用。在技术、艺术等方面，东亚各国之间进行了相互借鉴、吸收与交流，推动了文化的共同发展。

1. 中国文化对东亚国家的影响

（1）汉字与儒学传播

中国的汉字是东亚地区主要国家的共同文字，如日本的汉字表记、朝鲜、韩国的汉字表音。汉字的传播对于这些国家的文字发展和文化形成起到了重要作用。儒学思想也是中国文化对东亚国家影响最为深远的方面，儒家价值观如孝道、礼仪和道德伦理在东亚社会中有着广泛的影响。

（2）文化遗产的共享

中国的传统文化遗产对东亚国家有着重要的影响，如中国的传统音乐、舞蹈、戏剧、绘画等艺术形式。这些文化遗产通过交流与传承，影响了东亚各国的艺术表达和文化传统。东亚各国也通过对中国文化遗产的研究和学习，推动了自身文化的发展。

2. 东亚国家对中国文化的影响

（1）技术与艺术的交流

东亚各国在技术和艺术方面进行了广泛的交流和借鉴。例如，日本从中国引入了许多技术和艺术形式，如陶瓷制作、茶道、书法等。朝鲜、韩国在服饰、舞蹈和音乐方面也受到中国文化的影响。

（2）文学与文化交流

东亚各国之间的文学交流也是文化互动的重要方面。中国的古典文学作品如《红楼梦》《水浒传》等被广泛传播到日本、朝鲜、韩国等国家，影响了当地的文学创作和文化发展。同时，东亚各国的文学作品在彼此之间传播和翻译，丰富了东亚文学的多样性。

（3）艺术与创新

东亚各国的艺术家和创作者们在传统文化的基础上进行创新，推动了东亚文化的发展与演变。例如，日本的浮世绘艺术在中国和其他东亚国家产生了广泛影响，而现代日本的动漫和游戏产业也对东亚地区产生了重要影响。韩国的电影、音乐和时尚产业在全球范围内受到关注，展示了其独特的艺术创新。

（4）传统习俗与庆典

东亚各国的传统习俗和庆典也在彼此之间交流和互动。例如，中国的春节在日本、朝鲜、韩国等国家也有类似的庆祝活动，尽管细节和习俗可能有所不同。这种传统习俗和庆典的共同性体现了东亚国家之间的文化联系和共同的文化根源。

通过双向互动的文化交流，东亚各国不仅保留了自己独有的文化传统和特色，也在共享和融合中丰富了彼此的文化。这种文化的双向互动为东亚地区构建了一个多元而充满活力的文化景观，并且对整个世界文化的发展产生了积极影响。

总的来说，东亚文化作为一个地区的文化，既具有相对的同质性或整体性，又展现多样性与差异性。儒家思想、信仰、历史传承和注重社会和谐与合作是东亚文化的基本特征。这些特征共同构成了东亚地区独特而丰富的文化景观，并对该地区的社会发展和人们的生活方式产生着深远影响。

三、东亚文化的交流与发展

东亚是人类文明的重要发祥地之一，具有古老的文明和悠久的历史文化传统。近年来，随着东亚地区经济的蓬勃兴起，东亚以及东亚文化引起了海内外学者的广泛关注。以中国、日本、韩国三个国家为例，这三个国家的文化并不是各自独立发展，而是在长期的发展中不断地交流与融合，既有各自文化的特点，又有共同的伦理道德、礼仪制度和审美意识。由此可见，中国、日本、韩国三个国家在相互促进、相互学习中不断发展。

（一）中国文化对日本、韩国的输出

从文化发展史角度看，中国古代文化曾经影响了包括韩国、日本在内的整个东方文化的思想内涵及其发展的进程，给东亚各国的语言文字、思想意识、社会组织结构、生产力发展水平带来了深刻影响。

1. 汉字

中国的汉字在战国时期开始逐渐向朝鲜半岛、日本等地传播。汉字在这些地区长期流传，并成为这些民族文化的重要组成部分。

汉字的传播促进了人员的往来和交流。例如，从 7 世纪开始，东亚三国频繁地互派使节，尤其是朝鲜和日本派遣了大量的留学生到中国学习。据记载，到公元 837 年，朝鲜派往唐朝的留学生就达到了 216 人之多。仅在公元 840 年的一年间，从唐朝回国的留学生就达到了 150 人。同样，日本的遣唐使和留学生积极地传播中国唐朝的典章制度和学术文化。到公元 890 年，日本共派出遣唐使 19 次，跟随遣唐使入唐的留学生和留学僧共有 144 人。此外，在平安朝初期，传入日本的汉字书籍就已达到 1579 部，共计 16790 余卷。

汉字的传入对东亚三国之间的文化交流和融合起到了重要作用。汉字的使用使日本和韩国潜移默化地融入中国文化，成为东亚三国相互影响、广泛交流的有利条件和基础。汉字成了共同的文字和书写系统，使这些国家在文化上能够更加互通有无。

汉字的传播也带来了东亚文化的相互影响和借鉴。除了文字系统，汉字也传播了中国的文化、哲学思想、历史故事等。这些东亚国家吸收了中国文化的一些元素，并在本土发展出独特的文化风貌。同时，汉字的使用促进了东亚各国之间的学术交流和知识传播，为文化的繁荣做出了重要贡献。

总体而言，汉字的传入对于中国文化对日本和韩国的输出起到了重要的推动作用。它促进了东亚三国之间的文化交流与融合，使这些国家能够共享共同的文化遗产，并在各自的发展中形成独有的文化特点。汉字的传播为东亚地区的文化交流和发展提供了有力的支撑和基础。它不仅加强了东亚三国之间的人员往来和交流，也促进了各国之间的学术、艺术和文化的互动与交流。汉字作为一种共同的书写系统，架起了东亚三国文化交流的桥梁，使不同国家之间的交流更加顺畅和深入。

2. 儒学

儒学是中国传统文化的重要组成部分，也是中国文化对日本和韩国的输出中的重要内容之一。儒学在中国历史上的影响深远，而它的传入和发展也对东亚地区的文化交流与发展产生了重要影响。

儒学传入日本和韩国可以追溯到古代。约公元 1 世纪，儒家思想传入朝鲜地区。在高句丽小兽林王时期，儒家思想得到官方认可，太学也得以建立，并开始教育子弟。这是儒学在朝鲜的最早记载。在日本，从推古天皇时期 554—628 年开始，日本多次派遣使节到中国的隋唐朝廷留学。这些使节在中国学习期间，接触到了儒学的思想与典籍，并在归国时将大量的儒学典籍带回日本，对儒学的传播与普及起到了积极的作用。

儒学在中国、日本、韩国之间的交流和发展中，不仅在中国保持了自己的独立系统，也在日本和韩国产生了各具特色的思想文化。在中国，儒学作为一种综合性的学说体系，强调人伦道德、社会秩序和政治治理。在日本，儒学融合了哲学思想，形成了独特的日本儒学。在韩国，儒学与传统的朝鲜文化相结合，形成独特的韩国儒学。

可以说，中国儒学向日本和韩国的传播在很大程度上促进了东亚各民族文化的交流与融合。儒学作为中国古代的重要思想体系，具有普遍性的人类价值观念，它的传入不仅丰富了日本和韩国的知识体系，也对其道德伦理观念、政治制度和社会文化产生了深远影响。通过儒学的传播，东亚各国在道德伦理、社会秩序和政治治理方面有了共同的基础，形成了一种共同的价值观念和思维方式。儒学的传播促进了东亚地区的知识交流和学术研究，推动了东亚文化的发展与繁荣。

此外，儒学的传入也对日本和韩国的教育体系产生了深远影响。在日本，儒学成为士族的教育基础，儒者成了官方的教育家。在韩国，儒学成为士人的学习重点，影响了社会的阶层结构和教育制度。

总的来说，儒学作为中国传统文化的重要组成部分，在东亚地区的传播和发展中发挥了重要作用。它不仅为东亚各国提供了共同的道德伦理基础，也促进了知识交流和学术发展。儒学的传播促进了东亚文化的交流与融合，为东亚地区的文化繁荣和发展提供了重要的思想资源和精神支撑。

（二）日韩文化对中国的逆输出

中国、日本、韩国之间的文化交流并不是单向的，而是双向的。除中国文化对日本和韩国的输出外，日本和韩国的文化也逆向输出到中国，形成了相互的文化交流和影响。

在手工艺领域，中国的手工艺传入日本和韩国后，经过汲取和改良，又逆向传入中国，推动了中国手工艺的发展。剃刀技术是一个例子，最初是由中国传入日本，然后经过日本的钻研改进后再传回中国，受到了很多人的喜爱。中国文人欧阳修和司马光分别写了《日本刀歌》和《和君倚日本刀歌》来赞美日本的刀剑工艺。

此外，日本和高丽政府对中国典籍的收集和翻刻也产生了积极影响。他们收藏了中国早已散佚的古书或异本，将一些中国已缺失的古籍带回中国，对中国文献的增补做出了重要贡献。

（三）东亚文化的共同发展

1. 历史的必然

东亚文化的共同发展是一个动态的过程，与经济、政治和文化的关联性变迁密切相关。东亚各国之间的文化交流与融合是必然的，这种交流使各国相互影响、相互吸收，从异质文化中汲取丰富的营养，对东亚文化的蓬勃发展起到了至关重要的作用。

进入 21 世纪的和平时代，东亚社会在语言文字、典章制度、文学艺术等方面紧密地联系在一起。在精神价值观、道德思想和思维模式等方面，东亚社会也趋于同一。这表明交流的闸门已经打开，中日韩三国文化的交流与合作是不可阻挡的必然趋势。

在这种共同发展的过程中，东亚各国共享着相似的文化传统和价值观念。儒家思想的影响在东亚地区广泛存在，强调家庭价值观、孝道、礼仪与社会和谐。

随着全球化的进程，东亚三国在经济、科技、教育等领域的合作与交流也日益加强。文化产业的崛起为文化交流提供了更广阔的平台，如电影、音乐、时尚等文化产品在东亚地区流行，并在跨国范围内产生影响。这种交流不仅加深了东亚各国人民之间的相互了解和友谊，也为世界其他地区提供了一个了解东亚文化的窗口。

东亚文化的共同发展是历史的必然。中日韩三国之间的文化交流与融合是不可避免的趋势，这种交流为东亚文化的繁荣与发展提供了坚实的基础。通过加强交流与合作，东亚地区将进一步实现文化的多样性与共同繁荣。

2. 经济与文化的相互作用

目前，东亚各国面临一些共同的问题和挑战。首先，新地区主义的浪潮推动下，东亚经济一体化的趋势不断加强，各国在经济领域的联系日益紧密。其次，世界贸易组织（WTO）在全球经济中的作用有所下降，需要寻求其他途径来促进经济合作和贸易自由化。最后，货币和金融危机使东亚各国认识到亚太经济合作组织（APEC）的权力过于分散，需要加强区域合作以增强整体的经济稳定性。此外，欧盟的东扩和美洲自由贸易区的形成也对东亚产生了一定的压力。

面对这些问题，东亚国家意识到必须加强经济一体化的努力，以增强本地区的竞争力和减少受到外部侵袭的可能性。在这个过程中，经济与文化之间存在着相互作用的关系。传统的东亚文化已经成为东亚人民深层的精神构造，对经济增长发挥着直接或间接的支持作用。东亚的社会和经济无不渗透着东亚的文化，文化价值观在经济发展中起着重要的引导作用。

东亚各国的共同经济挑战使它们意识到只有通过紧密的合作才能增强自身的竞争力。

因此，东亚经济一体化和东亚共同体的构想进一步证明了东亚文化融合的必然性。东亚文化的融合有助于改善各国之间的关系，为处理日益复杂的各国关系提供了新的理念和准则。

因此，我们应当认同并推动东亚文化的发展与融合，努力构建有利于和平与发展的国际机制。通过加强经济一体化和文化交流，东亚各国可以共同应对挑战，实现共同发展和繁荣，为地区和世界的和平与繁荣作出贡献。同时，这有助于增进人民之间的相互了解、友谊和互信，构建一个更加和谐与进步的东亚社会。

3. 促进东亚文化和谐发展

在当今多元化的时代，为了实现共同发展，三国之间需要让各自的文化良性互动，实现和谐发展。和谐发展强调不同文化之间的共生、兼容和共同发展。

在东亚文化中，和谐是一个重要的价值观。孔子说："君子和而不同，小人同而不和。"这句话强调了各国应该在和谐中保持差异，而非为了同一而统一。这体现了东亚文化的包容性和互相尊重的精神。

因此，探讨东亚文化的交流和发展，特别是关注东亚文化发展的理念和价值问题，已成为学术界关注的热点。这个讨论不仅在理论上有重要意义，也具有现实意义。促进东亚文化的和谐发展可以加强三国之间的相互理解、友好和互信，构建一个更加和谐与进步的东亚社会。

为实现东亚文化的和谐发展，三国可以加强文化交流与合作，推动互学互鉴，共同弘扬东亚传统文化的核心价值观，如儒家思想中的仁、义、礼、智等。同时，应尊重和保护各自的文化独特性和多样性，避免文化同质化的趋势，以实现文化的共生与共存。

通过促进东亚文化的和谐发展，三国可以在经济、政治、社会等领域展开更加深入的合作，共同应对全球化带来的挑战和机遇。这将为东亚地区的繁荣与稳定提供坚实的基础，同时为世界和平与发展作出贡献。

东亚文化经过长期的交流与融合已经是不可分割的共同体了。东亚文化既有其辉煌的历史，也会有更辉煌的未来。因此，为了促进东亚各国的发展，弘扬东亚文化，必然要加强东亚各国间的文化交流与合作，促进各国间的和谐发展。

第三节　东亚流行文化

东亚流行文化是指在东亚地区内广泛传播和受欢迎的一系列文化现象，涵盖了各种领域，如音乐、影视、时尚、娱乐和社交媒体等。它具有青春活力、创新性和跨界融合的特点，深受年青一代的喜爱，并对全球流行文化产生了影响。

一、文化和流行文化概念的厘定

文化作为一种与经济和政治有别的意识形态和传播媒介，本身很难给出一个一以概之且普适的定义，因为不同的民族、地区、国家和信仰对文化都有不同的理解和解释。然而，文化可以被概括为三个较为宽泛的定义。

第一，文化经常被描述为审美、智力和精神发展的共同源泉。

第二，"文化"一词经常被用来指示一种生活模式，不限于个人、时期或群体。

第三，文化是展示艺术活动和文本实践的最佳媒介。

在文化的划分方面，一些社会学家将其主要分为三个层级，即高雅文化、流行文化和深层文化。介于高雅与深层之间的流行文化不仅成为现代社会中的重要文化现象，而且其本身值得深入研究。事实上，流行文化主要具有三个特点，即普遍性、一般性和广泛性。因此，当亚洲文化与流行文化相遇时，必将产生灿烂的火花和深刻的意义。这两者的结合成为分析和解构现代生活的最佳切入点。

然而，对于流行文化的定义方式千差万别，使对其定义变得更加复杂。从表面上来看，流行文化是广泛被人们接受或大众中广受欢迎的文化形式。从某种意义上说，它是一种"通俗文化"。对于流行文化的定义，其中一个关键要素是定量维度，即流行文化或流行程度的衡量。然而，流行文化的其他定义强调，高雅文化是已具备或确定的部分，剩下的便是流行文化，也就是说，流行文化被视为一种剩余范畴，更直观地说是一种次级文化。然而，高雅文化和流行文化之间的界限并非固定不变，而是随着时代的发展而不断改变。例如，如今莎士比亚的戏剧作品往往被认为是高雅文化的象征，但在 19 世纪，它被归类为流行文化。

此外，流行文化也可以被定义为一种大众文化。一些专家将流行文化视为一种"无可救药"的商业文化，主要为了刺激大众消费而大规模生产。有人认为流行文化的受众是缺乏辨识能力的消费者，文化本身过于注重形式，忽视了文化内核的价值。另一种定义认为流行文化是扎根于民众的文化，面向大众，是民间文化的一种表现形式。流行文化还可以与霸权主义的概念或后现代主义相关联。流行文化的定义方法多样，涉及的领域广泛，展示了其丰富的文化内涵和价值。因此，人们很难在对流行文化的定义上达成一致，这是由于不同文化背景、观念和观点的差异所致。

二、东亚流行文化形成的"区域化"特征

从国际关系的角度来看，"区域化"一词用于描述区域组织和区域形成在地缘政治领域中的非定向过程。这个过程通常与相邻国家的地理位置有关。区域化具有两个显著特征，即互相依赖性和市场以及社区组织之间不断增长的商业活动。

随着东亚地区在全球范围内的重要性不断提升，东亚地区的区域化对促进经济发展和地区和平起着至关重要的作用。东亚地区的区域化具有两个突出特点：一是东亚区域化主要以市场为导向，各国之间的经济互动和各种商业活动在过去几十年间显著增长，为东亚各国在促进贸易和经济交流方面提供了巨大优势；二是东亚区域化整体上是一种不对等的过程，主要涉及该地区中产阶级社会。

随着东亚国家文化的融合，如中国、日本和韩国，形成了区域性的文化传播。需求能够创造流行文化的区域传播，但其规模取决于文化产业将艺术创作转化为文化产品，并将这些产品传递给消费者的能力。在当今时代，不同国家（地区）的用户可以分享和交流文化产品，不断影响彼此的生活方式、消费习惯和娱乐活动。例如，无论身处北京、东京还是首尔，人们都可以欣赏中国的戏剧、听韩国的流行音乐，同时欣赏来自日本的漫画。

亚洲流行文化对于亚洲各国之间的交流和互动产生了积极的效应，这得益于地理优势和历史渊源。此外，人们的跨国迁徙和多元化的文化产品使亚洲人更容易理解和欣赏彼此的流行文化。然而，在当前全球化的背景下，亚洲流行文化面临两个重要问题：

第一，亚洲各国流行文化之间的同质化越来越严重，导致文化多样性减少，模仿和抄袭现象不可避免。

第二，一些传统流行文化的传承和发展问题值得关注。例如，京剧和中国台湾的布袋戏等传统文化形式面临生存困境，它们如何在传承传统元素的基础上进行创新和发展，以及如何在当下找到生存空间，是一个亟待解决的问题。

尽管东亚流行文化的主体基本上来自中国、日本、韩国等国家，但流行文化的区域传播并不等同于单向的扩散传播。相反，随着区域化进程的深入，越来越多来自东南亚的产品在东北亚地区受到热烈追捧。因此，只有通过双向甚至多向的文化传播，才能加强地区之间的文化交流，提升跨越边界的流行文化输出。东亚地区的区域融合往往能丰富亚洲流行文化的种类，为东亚受众提供更多选择的机会，也为亚洲乃至全球流行文化提供了重要补充，对流行文化的区域传播产生积极影响。

然而，我们需要认识到美国文化对东亚文化市场的影响和冲击。美国文化产品仍然在全球市场上具有较大的影响力和广大的受众，好莱坞电影在东亚各国（地区）的电影

市场占据重要份额。例如，国际电影约占中国香港电影市场份额的 60%，其中 80% 来自美国。因此，如何保持东亚流行文化的繁荣和稳定，如何在各种异域文化的竞争中持续存在，是一个值得深入探讨的问题。

三、东亚流行文化的元素和特点

（一）音乐元素

1. 音乐风格

东亚流行音乐具有多样性，涵盖了韩国的 K-pop、日本的 J-pop、中国的 C-pop 等各种音乐风格。每种音乐风格都有其与众不同的特点和声音。例如，K-pop 以其活力四射、舞蹈精湛和时尚潮流的特点而受到广大关注。J-pop 则更加注重个性化和多样化的音乐风格，融入了流行、摇滚、嘻哈、电子等元素。C-pop 则体现了中国传统音乐与现代流行音乐的融合，呈现丰富的曲风和音乐风格。

2. 流行艺人和团体

东亚地区涌现了许多知名的流行艺人和团体，他们在音乐界具有广泛的影响力和粉丝基础。这些流行艺人和团体通过优秀的音乐才华、独特的形象和精心策划的宣传，成功地吸引了大量的粉丝和支持者。

3. 融合元素

东亚流行音乐常融合不同音乐风格和文化元素，创造出新颖的音乐风格和声音。例如，在韩国的 K-pop 中，可以听到流行、嘻哈、R&B、电子等多种元素的融合。日本的 J-pop 也经常将传统和现代音乐元素相结合，创造出独特的曲风和声音。中国的 C-pop 则经常融入传统乐器、民族音乐元素以及现代流行音乐的元素，呈现独具魅力的音乐风格。

（二）影视元素

影视作品是东亚流行文化中的重要组成部分，在全球范围内具有广泛的影响力。韩国、日本和中国是东亚地区最著名的影视制作国家，它们的影视作品涵盖了包括电影、电视剧、动画在内的多个种类。

1. 电影

东亚地区的电影产业蓬勃发展，涌现出许多备受瞩目的电影作品。韩国电影在近年来取得了巨大的成功，不仅在亚洲地区广受欢迎，还在国际电影市场上获得了高度认可。韩国电影的特点之一是它们通常具有深刻的情感表达和引人入胜的剧情。例如，《寄生虫》

《非常母亲》等作品凭借其独特的故事和扣人心弦的表演赢得了观众的喜爱。

日本的电影业享有国际声誉，尤其是其动画片在全球范围内具有广泛的影响力。日本动画片的特点之一是其独特的艺术风格和丰富的创意。它们通常涉及广泛的主题，从奇幻冒险到浪漫爱情，从科幻到社会现实等。著名的日本动画片包括《千与千寻》《幽灵公主》《你的名字》等。此外，日本还以其精彩的恐怖片和动作片而闻名。

中国的电影业也在不断发展壮大。中国电影作品涵盖了各种题材，包括历史剧、爱情片、喜剧和动作片等。中国电影的特点之一是其对历史和文化的深入探索和表达。例如，《大话西游》《英雄》《霸王别姬》等作品以其独特的视角和引人入胜的故事赢得了观众的喜爱。此外，中国还拥有庞大的动画片制作产业，涌现出许多深受儿童和青少年喜爱的作品。

2. 电视剧

偶像剧是东亚流行文化中的重要组成部分，尤其在韩国、日本和中国等地受到广大观众的热爱。偶像剧通常以青春、爱情和友情为主题，以年轻演员和艺人为主角，展现了他们的才华和魅力。这些剧集往往具有浪漫的故事情节、精心设计的角色关系和引人入胜的剧情发展，吸引了大量年轻观众的关注。韩国的偶像剧在全球范围内广受欢迎，如《冬季恋歌》《来自星星的你》和《太阳的后裔》等作品成为现象级的影视剧。

3. 动画

此外，东亚地区还以其丰富多样的动画作品而闻名。日本的动画产业在全球范围内享有盛誉，作为东亚流行文化的重要元素之一。日本的动画作品涵盖了广泛的题材和风格，包括科幻、奇幻、爱情、冒险等。著名的日本动画作品有《火影忍者》《海贼王》等，它们以其精美的画面、复杂的故事情节和丰富的角色塑造吸引了全球观众的喜爱。

中国的动画产业也在近年来蓬勃发展。中国的动画作品多样化，涵盖了历史、神话、奇幻、科幻等不同题材。近年来，一些优秀的中国动画作品开始获得国内外的关注，如《西游记之大圣归来》《哪吒之魔童降世》和《白蛇：缘起》等。中国的动产业也在积极探索与国际市场的合作和交流，努力提升其影响力和知名度。

总的来说，东亚流行文化的影视元素体现了其丰富多样的创作风格和题材选择。无论是电影还是电视剧，韩国、日本和中国都在自己的领域中取得了巨大的成就。这些影视作品通过精良的制作质量、深入的故事表达和才华横溢的演员，将东亚的文化和艺术传递给全球观众，展现东亚独有的影视艺术风格和特点。

（三）时尚元素

时尚在东亚流行文化中扮演着重要角色，韩国、日本和中国都有自己独特的时尚品牌和设计师，引领着时尚潮流。此外，东亚地区还涌现了独特而具有创意的街头时尚文化，年轻人在着装和造型上展现个性和创意。

1. 时尚品牌和设计师

韩国的时尚品牌和设计师在全球时尚界备受关注。韩国时尚以其独特的设计和前卫的风格而著名，不仅在东亚地区受到欢迎，还逐渐赢得了国际市场的认可。韩国的时尚品牌在设计上注重细节和剪裁，以及独特的面料选择，展现独特的时尚美感。一些知名的韩国时尚品牌通过不断创新和与时俱进的设计理念，引领着时尚潮流。

日本也以其独特的时尚品牌和设计师而闻名。日本的时尚以其大胆的设计、丰富的层次感和极富个性的风格而受到广泛关注。日本设计师在时尚界展现对细节和纯粹主义的追求，以及对新材料和技术的创新运用。一些知名的日本时尚品牌通过独特的设计语言和出色的艺术表达，塑造了日本时尚的独特形象。

中国也有许多备受关注的时尚品牌和设计师，他们在时尚界展现中国传统文化与现代时尚的结合。中国的时尚设计师常常将中国传统元素与现代时尚元素相融合，通过独特的创意和设计语言，展现出独特的东方美学。一些知名的中国时尚品牌通过对传统工艺和材料的运用，传达中国文化的独特魅力。

2. 街头时尚

东亚地区还涌现了独特而具有创意的街头时尚文化，年轻人在着装和造型上展现个性和创意。街头时尚是一种独特的时尚表达方式，它源于年轻人对自我个性的追求和对时尚的创新态度。

在韩国，街头时尚文化得到了广泛的发展和认可。年轻人在韩国的街头展现出大胆、前卫的造型，他们通过独特的着装、配饰和发型来表达自己的个性。韩国的时尚品牌和设计师对街头文化的影响也不可忽视。一些韩国品牌以其独特的设计和前卫的风格在街头时尚领域获得了认可。

日本的街头时尚文化也具有独特的魅力。日本年轻人以其创新、大胆和前卫的着装风格而闻名，他们将不同的时尚元素和风格融合在一起，创造出个性十足的造型。在日本的街头时尚中，可以看到涉及街舞、摇滚、嘻哈等多种文化元素的融合。日本的时尚品牌如也对街头时尚的发展起到了积极的推动作用。

中国的街头时尚文化也在不断发展壮大。年轻人在中国的街头时尚中展现丰富多样的风格和创意。他们通过个性化的着装、搭配和发型，表达自己对时尚的理解和态度。中国的年轻设计师和时尚品牌也在关注和借鉴街头时尚文化的影响。例如，在中国的一些城市中，可以看到街头时尚的聚集地和时尚社区，年轻人在这里交流、展示和分享他们的时尚创意。

街头时尚不仅是一种着装风格，还反映了年轻人对自我表达和创新的追求。街头时尚的特点是多样性、个性化和包容性。它不拘泥于传统的时尚规范，鼓励年轻人展现自己独特的风格和个性。街头时尚也成了年轻人之间交流和连接的桥梁，他们通过共同的着装风格和时尚元素建立共同的兴趣和认同感。

街头时尚的影响还延伸到了时尚文化的其他领域，如鞋类、配饰和发型等。年轻人常常通过搭配个性化的鞋款、独特的配饰和时尚的发型来完善他们的街头造型。鞋类方面，运动鞋和潮流鞋款是街头时尚的重要组成部分。年轻人追求舒适和时尚的需求使运动鞋和潮流鞋款成为他们的首选。配饰方面，帽子、耳环、项链、手链等成为街头时尚的点睛之笔，它们不仅能够补充造型的细节，还能够展现个人风格和时尚态度。发型在街头时尚中也扮演着重要的角色，无论是酷炫的发色、修剪精细的发型还是个性化的发饰，都能够为整体造型增添独特的个性魅力。

街头时尚的发展得益于社交媒体和数字平台的兴起。年轻人通过社交媒体平台展示自己的街头时尚造型，分享时尚灵感和潮流趋势。这些平台为他们提供了一个广阔的舞台，使他们的时尚观点和创意能够迅速传播和影响他人。同时，数字平台为年轻设计师和创意人才提供了推广和展示的机会，他们可以通过自己的网店、个人品牌和时尚平台展示和销售自己的设计作品，进一步推动街头时尚的发展。

总的来说，东亚流行文化的时尚元素体现在时尚品牌和设计师的引领、街头时尚文化的发展以及数字平台的影响。韩国、日本和中国都在时尚领域展现独特的创造力和影响力。

（四）社交媒体和娱乐元素

社交媒体平台在东亚流行文化中发挥着重要的作用。东亚地区拥有自己独特的社交媒体平台，如韩国的 KakaoTalk、日本的 Line 和中国的微信等。这些平台在东亚社会中具有巨大的影响力，并成为流行文化传播和交流的重要工具。以下将详细阐述东亚流行文化中社交媒体的作用和特点。

1. 社交媒体平台

KakaoTalk 是在韩国备受欢迎的社交媒体平台之一。它不仅是一种即时通信工具，也是韩国人生活中不可或缺的一部分。KakaoTalk 提供了文本消息、语音消息、图片和视频分享等功能，用户不仅可以与朋友和家人保持联系，还可以通过各种聊天功能和表情包增加互动乐趣。此外，KakaoTalk 还拥有各种娱乐功能，如游戏、贴纸商店和线上商城，为用户提供全方位的娱乐体验。

Line 是在日本备受欢迎的社交媒体平台之一。Line 提供了与 KakaoTalk 类似的功能，如即时通信、语音通话和多媒体分享等。除基本的通信功能外，Line 还有许多特色功能，如表情包、主题商店、Line 游戏和 Line Pay 等。Line 还通过与知名 IP 和艺人合作推出限量版的表情包和主题，吸引用户的注意，并促进了与娱乐产业的跨界合作。

微信是在中国备受欢迎的社交媒体平台之一，也是全球最大的社交媒体平台之一。微信不仅提供了即时通信、语音通话和多媒体分享等基本功能，还融合了支付、公众号、小程序等多种服务。微信支付在中国的普及程度非常高，人们可以通过微信支付进行线上和线下的各种支付交易。微信公众号为个人和企业提供了自媒体平台，让他们可以发布文章、推送消息和开展商业运营等。微信小程序是一种轻量级的应用程序，用户可以在微信中直接使用各种功能和服务，如购物、外卖、打车等。

这些社交媒体平台在东亚社会中产生了巨大的影响力。它们不仅成为人们日常交流和社交的主要工具，也成为流行文化传播和娱乐的重要平台。通过社交媒体平台，人们可以分享他们的兴趣、观点和生活，与朋友和粉丝保持联系，并参与到各种流行文化活动中。

2. 综艺节目和娱乐活动

韩国和日本等地区的综艺节目吸引了大量观众和粉丝。这些综艺节目以其独特的娱乐性和创新性而备受欢迎，不仅为观众提供了娱乐和消遣，也成了流行文化的一部分。

韩国的综艺节目在全球范围内具有广泛的影响力。一些著名的韩国综艺节目以其独特的节目形式和明星嘉宾的参与，吸引了大量的观众。这些综艺节目通常以游戏、挑战和互动的形式展现，通过幽默搞笑的表演和情景制造出欢乐和娱乐效果。

日本的综艺节目同样在东亚流行文化中具有重要地位。一些著名的日本综艺节目以其独特的节目内容和娱乐效果吸引了观众的关注。日本综艺节目通常以独特的挑战和游戏形式呈现，通过明星嘉宾的参与和幽默搞笑的表演制造出笑料和娱乐效果。

除了综艺节目，各种娱乐活动如演唱会、综艺演出、粉丝见面会等也是东亚流行文化的重要元素。韩国和日本的流行音乐产业发达，各种演唱会和音乐节吸引了大量的观众和粉丝。粉丝见面会是一种常见的娱乐活动，粉丝们可以与自己喜爱的偶像近距离互动，感受与偶像的亲密联系。

这些综艺节目和娱乐活动不仅给观众带来欢乐和娱乐，也成了流行文化的重要组成部分。它们通过明星嘉宾的参与和节目内容的创新，引发了观众的共鸣和关注，推动了流行文化的发展和传播。

（五）文化传统和创新元素

传统元素在东亚流行文化中经常得到重新诠释和表达，以适应现代观众的口味和审美需求。这种融合传统与现代的创新元素使东亚流行文化兼具历史传承和时尚前卫的特点。

1. 传统元素的重新解读

东亚流行文化中的音乐、影视作品和时尚等领域经常融入传统文化元素，以全新的方式进行重新诠释和表达。音乐方面，常见的做法是在歌曲中使用传统乐器和民族元素，将传统音乐进行重新编曲或与现代音乐风格相结合，创造出独特的音乐风格。这种融合使音乐作品同时具备了传统文化的韵味和现代音乐的流行元素。在影视作品中，导演们经常选择传统故事和人物作为创作的素材，通过现代的表达方式和特效技术进行重新演绎或创新，以吸引现代观众的关注和共鸣。这种重新解读传统元素的做法不仅保留了传统文化的精髓，还注入了创新的元素，使传统与现代的融合更加生动有趣。

2. 大众参与和互动性

东亚流行文化强调观众和粉丝的参与和互动。粉丝文化在东亚地区非常盛行，粉丝们通过社交媒体平台与偶像艺人互动、举办粉丝活动和支持他们的作品。这种互动性使东亚流行文化更加丰富和有活力。粉丝们通过社交媒体的平台分享自己的见解、推广偶像的作品和参与各种粉丝活动，形成了庞大的粉丝社群。同时，艺人和偶像们通过社交媒体与粉丝们保持互动，回应粉丝的留言和关注。这种互动性不仅增强了粉丝们的参与感和归属感，也促进了艺人与粉丝之间的紧密联系，构建了一种亲密的关系。在演唱会和粉丝见面会等活动中，观众可以与偶像面对面交流、握手、合影，这进一步增加了他们的参与感和互动体验。大众参与和互动性的特点使东亚流行文化不仅是一种被动的娱乐消费，更成为一种共同创造和共同参与的文化现象。

3. 创新和实验精神

东亚流行文化注重创新和实验，不断尝试新的表达方式和艺术形式。艺人和创作者们勇于挑战传统观念，推陈出新，创造出独特的文化产品。音乐方面，东亚地区的流行音乐常常通过创新的编曲、独特的歌词和前卫的形象展示出与众不同的风格。影视作品方面，导演们通过独特的叙事手法、前卫的剪辑和特效技术，以及新颖的题材和故事背景创造出富有创意的影视作品。时尚领域方面，设计师们通过大胆的设计和新颖的理念打破传统的束缚，推陈出新，将时尚与艺术相结合，创造出引领时尚潮流的作品。

4. 跨国传播和影响力

东亚流行文化在全球范围内具有较大的影响力和传播力。通过社交媒体、网络平台和全球化娱乐产业的发展，东亚流行文化的影响早已超越地域限制，吸引了全球观众的关注和喜爱。韩国的 K-pop、日本的 J-pop、中国的 C-pop 等音乐风格和艺人在全球范围内走红，吸引了大批的国际粉丝。东亚的影视作品也在全球范围内受到热烈的追捧和关注。东亚流行文化的跨国传播得益于社交媒体平台的普及，粉丝们既可以通过网络平台了解和追踪自己喜爱的明星和作品，也可以与全球粉丝分享自己的喜好和观点。

东亚流行文化的元素和特点在于其对传统文化的重新解读和创新、大众参与和互动性、创新和实验精神，以及跨国传播和影响力。这些元素共同构成了东亚流行文化的独特魅力和吸引力。

思考题

1. 在当今全球化的背景下，东亚流行文化如何在保持本土特色的同时吸引国际观众？讨论其成功的因素和面临的挑战。

2. 传统文化对于东亚社会的身份认同和社会凝聚力有何重要作用？如何平衡传统文化的传承与现代社会的发展需求？

3. 东亚流行文化在年青一代中广受欢迎，如何利用流行文化的力量传播积极价值观和文化认同，以促进东亚地区的和平与合作？

4. 传统艺术在当代社会中的地位和发展如何？如何平衡传统艺术的保护与创新，以使其与现代观众的需求相适应并继续传承下去？

请注意，这些思考题旨在促使你思考和讨论东亚流行文化的相关议题，你可以根据自己的知识和观点进行回答和探讨。

第二章　东亚动漫文化解析

第一节　漫画的诞生与发展

一、漫画与现代漫画

漫画是一种广义的绘画方式与题材的宽泛表达形式。现代漫画则是在传统漫画的基础上发展而来的一种视觉艺术形式。作为大众文化的符号消费品，现代漫画引入了电影的镜头语法，构建了完整的辅助符号系统，并大量融入流行文化的视觉元素。现代漫画具有复杂的叙事功能，类似于电影的表现手法，同时题材丰富多元，表现手法多样。它是一种图像叙事文本，通过绘画和故事情节来传达信息和表达情感，受众广泛，并在大众文化中扮演重要的角色。

（一）漫画的基本特征

自从电影镜头语法在 20 世纪初被引入漫画的图像修辞系统，具有极强叙事性的现代漫画就出现了萌芽，并呈现与传统漫画较大的差异性。

1. 广义漫画的涵盖范围

广义的漫画包括了史前人类壁画、卷轴故事画、单页幽默讽喻画等多种传统形式。传统漫画的叙事方式相对单一，通过对生活场景和时事的抽象夸张，实现讽喻宣教的功能。

2. 电影镜头语法的引入

现代漫画的特点在于引入了电影的镜头语法，通过运用不同的镜头、画面构图和视角等技巧，实现更加复杂的叙事和情感表达。这使漫画具有类似于电影的叙事功能和视觉效果。

3. 完整的辅助符号系统

现代漫画构建了完整的辅助符号系统，包括对话气泡、注释、标志和符号等，以辅助叙事和角色表达。这些符号系统使读者能够更好地理解漫画的故事情节和人物心理。

4. 融入流行文化视觉元素

现代漫画广泛融入流行文化的视觉元素，如流行音乐、电影、电视剧、游戏等。这些元素丰富了漫画的题材和表现手法，使其更具时代感和吸引力。

5. 多样化的题材和表现手法

现代漫画的题材多样化，涵盖了幽默、爱情、冒险、科幻、奇幻等各种类型。同时，现代漫画的表现手法也非常多样，可以通过绘画风格、色彩运用、构图、角色表情和姿势等方式表达情感和故事。

总的来说，漫画作为一种视觉艺术形式，经历了漫长的发展历程，从传统漫画到现代漫画，不断创新和演进。现代漫画在题材、表现手法和叙事方式上呈现更多的多样性和复杂性，成为大众文化中不可忽视的一部分。它不仅作为娱乐形式存在，还承载着社会评论、文化表达和思想传递的功能。

（二）现代漫画的基本特征

《现代汉语词典（第7版）》将漫画定义为"用简单而夸张的手法描绘生活和时事的图画。一般运用变形、比拟、象征手法，构成幽默、诙谐的画面，以取得讽刺或歌颂的效果"。此说主要指涉广义漫画中的传统漫画，如报刊漫画，且强调的是漫画的讽喻功能，而非本文所聚焦的现代漫画。要对现代漫画进行准确定义，则涉及更为复杂的学理考量。

1. 多样化的题材

现代漫画的题材范围非常广泛，涵盖了生活、冒险、科幻、奇幻、恋爱、历史等各种主题。漫画创作者可以根据自己的创作意图和读者的需求选择适合的题材，从而满足不同人群的阅读兴趣。

2. 复杂的叙事手法

现代漫画采用了多种叙事手法，包括连续性的故事叙述、分镜头的场景切换、画面表现的动态变化等。漫画创作者通过巧妙运用这些手法，使故事更加生动有趣，读者能够更好地融入故事情节中。

3. 电影语法的引入

现代漫画受到电影的影响较深，引入了电影的镜头语法，如不同角度的视角、特写、远景等，增加了画面的视觉冲击力和表现力。这种电影语法的运用使漫画更加立体化和动态化，增强了叙事的效果。

4. 多样化的艺术风格

现代漫画的艺术风格丰富多样，每个漫画家都有自己独特的画风和表现方式。有的漫画作品注重细腻的线条和绘画技巧，有的注重色彩的运用和视觉效果，有的则更加简洁和符号化。这种多样化的艺术风格使漫画更具个性化和创新性。

5. 跨媒体传播

现代漫画不仅是纸质媒介上的艺术形式，还涉及电子媒体、网络媒体和动画等领域的跨媒体传播。漫画作品可以通过不同媒体形式的转化和延伸，进一步拓展其影响力和观众群体。

总的来说，现代漫画具有多样化的题材、复杂的叙事手法、电影语法的引入、多样化的艺术风格以及跨媒体传播等基本特征。这些特征使现代漫画成为一种富有创意和表现力的视觉艺术形式，并在大众文化中发挥着重要的角色。

二、前纸媒时代的漫画形态

漫画在历史上经历了不同的媒体演变阶段：壁画时期、器物画时期、卷轴画时期、报刊与单行本画时期以及数字媒体漫画时期。在纸质媒体还未普及的时代，漫画主要以壁画、器物画和卷轴画为载体，这些形式决定了漫画的符号产生、审美接受和传播路径。

（一）拟动态视效和讽喻主导的审美创造

拟动态视效是漫画独特的审美创造逻辑，源自漫画艺术的早期阶段。一个显著的例子是阿尔塔米拉洞穴壁画，这些壁画描绘了早期穴居人视角下的动物，如奔跑的野牛和野猪。为了营造动态效果，艺术家使用了模拟动态的表现技巧，如将奔跑的野牛画成八条腿或多条尾巴，以模拟其动态形态。这种表现方式使观看者产生了图画在动的感觉，被认为是漫画与动画艺术的起源。

拟动态视效的特征描述准确捕捉了漫画艺术叙事的核心特征，即在静态的纸本上营造动态的视觉效果。这使广义漫画的诞生与绘画艺术的诞生具有相似的起源，两者都是早期人类对劳动场景的拟动态表现。

在漫画的审美创造中，拟动态视效和讽喻起到了主导的作用。拟动态视效通过使用夸张和变形的手法，使静态的图画呈现出动态的效果，营造出一种视觉上的动感。这种技巧在漫画中被广泛应用，使角色的动作和表情更加生动有趣。同时，讽喻成为漫画表达观点、批判社会问题的重要手段。通过讽刺的方式，漫画艺术家可以嘲笑和批评各种现象，包括政治、社会、文化等，引起读者的共鸣和思考。

在现代漫画中，拟动态视效和讽喻依然是重要的审美创造元素。随着技术的进步和媒介的多样化，漫画的形式和表现手法也在不断发展。例如，通过运用分镜头的方式，漫画可以模拟电影的叙事效果，使故事更加连贯和动态。在内容方面，现代漫画涵盖了广泛的题材，不仅局限于生活和时事，还包括奇幻、科幻、冒险等多种类型，丰富了漫画的表现领域。

总之，拟动态视效和讽喻是漫画艺术中的重要元素，它们赋予漫画独特的审美特点和表现力，使漫画成为一种富有创造力和表达力的艺术形式。随着时代的变迁和文化的发展，漫画在各个国家和地区都有着丰富多样的发展，成为人们喜爱的大众文化艺术之一。

（二）以记载生产活动为目的的文化参与

在前纸媒时代，漫画的形态主要依托不同的媒介载体，包括壁画、器物画和卷轴画。漫画的目的在于记录和描绘人类的生产活动，将生活场景和时事通过图画进行记载。这种记载功能既突出了装饰性的特点，也体现了人类对于生产活动的关注和记录。

器物化时期，人们开始将漫画的记载功能延伸到器物上，如陶器、青铜器和铁器等。这些器物上的图画同样记录了人类的生产和庆典活动，如青铜器上的战争场面的连续性组图。这种连续图画的形式可以看作早期连环图画的雏形。

随着绢帛、纸张等轻便媒介的出现，漫画进入了卷轴画时期。日本的鸟兽戏画是典型的卷轴画，它们通过纵向的卷轴形式展示连续的图画，创造出时间感和顺序感。在中国的东晋时期，《洛神赋图卷》等作品以卷轴形式展现连续动作，并辅以文字注解，呈现连环画的雏形特征。隋唐时期，佛经故事画兴盛，如绘制在绢帛上的图画，通过图像叙事和文字注释，已经接近了现代漫画的形式。

总的来说，在前纸媒时代，漫画的形态主要是为了记录生产活动，图像叙事强调再现和装饰功能。通过壁画、器物画和卷轴画等不同的媒介载体，漫画逐渐发展出了拟动态视效和连续叙事的特征。这些审美创造元素为后来的现代漫画奠定了基础，并在不同的文化传统中产生了丰富多样的发展。

（三）路径狭窄单一的有限传播

在前纸媒时代，由于传播路径的狭窄和单一，漫画的功能主要以记载历史场景和装饰为主。图像在漫画中起着主导的作用，而文字的运用相对较少。

壁画的传播范围受限于岩石或洞穴的特定地点，这些壁画通常用于记录人类的生产活动、庆典仪式和其他重要的场景。壁画的叙事形式注重再现，通过模拟动态的表现技巧，如将动物画成八条腿或多条尾巴，以模拟其动态，营造出一种图像在动的观感。这种叙事方式在视觉上强调动态视效，使观看者产生一种图像活动的错觉。

器物画在前纸媒时代也发挥了一定的作用。青铜器、陶器和铁器等器物上的图画主要用于记录和装饰生产活动和庆典场景。然而，由于器物的材质特性，如重量和固定性，它们无法广泛传播，往往限制在特定的场所或社会阶层中。器物画的叙事功能和审美价值主要体现在装饰性上，通过图案和图像的装饰来丰富器物的艺术价值和文化内涵。

卷轴画作为一种较为便捷的媒介载体，突破了壁画和器物画的限制，并在前纸媒时代扮演了重要的角色。卷轴画采用绢帛或纸张制作，具有较轻便的特点，更易于传播。卷轴画常用纵向的形式来展示连续的图画，通过展开卷轴来呈现叙事的时间顺序。在卷轴画中，图像与文字相结合，文字注解起到补充和解释的作用，增强了叙事的表达力和传达信息的效果。

尽管在前纸媒时代，漫画的传播路径相对有限，但这些媒介载体仍然为漫画的发展奠定了基础。漫画的叙事形式和审美创造主要通过视觉图像的再现和装饰来实现，为人们提供了观赏和欣赏的娱乐方式，并在一定程度上满足了人们对于视觉文化的需求。这些古老的媒介载体为后来漫画的发展和演变奠定了基础。它们记录了当时的历史场景、生产活动和庆典仪式，反映了当时社会的文化特征和审美观念。漫画通过图像的再现和装饰，吸引观众的视觉注意力，让人们在观赏中感受到美的享受和情感的共鸣。

三、纸媒时代的漫画形态

在纸媒时代，随着印刷技术的革新和传统媒体的普及，艺术品进入机械复制时代。报纸、杂志、电影和电视等媒体成为大众日常生活的重要组成部分，视觉文化深度介入人们的审美体验。这一时期，视觉艺术开始追求现代与后现代的创新，彻底背离了传统经典的范式。新兴的艺术形式如波普艺术、观念艺术、偶发艺术和行为艺术等纷纷涌现，丰富了大众的日常审美体验。

传统的纸媒被广泛运用于艺术品的传播和展示。报刊成了艺术作品的展示平台，通过插图、摄影和文章等形式，将艺术带入普通人的生活中。电影和电视作为影像媒体，使艺术作品以动态的方式呈现给观众。这些媒体的普及使大众文化得以形成，人们的审美经验和对艺术的价值也随之改变。

在这个时期，视觉文化与概念文化之间展开了激烈的争论。视觉艺术摒弃了传统经典范式，转向了现代和后现代的艺术形式。新兴艺术形式使艺术变得多样化、丰富多样，艺术的概念也变得难以被准确理解和界定。

（一）镜头叙事主导的审美创造

在纸媒时代，漫画的形态经历了一系列的变化和创新。早期的漫画作品，如 1833 年的欧洲漫画《M.Jabot 的故事》（*Histoire de M. Jabot*），虽然具备连续的故事情节，但缺乏对话气泡和镜头语法，更类似于长篇图画小说。传统漫画以单页为载体，通常呈现短暂的、片段式的生活场景，或者通过 4 格至 8 格的构图展示一个完整而短小的戏剧冲突。这种叙事形式的限制使传统漫画在篇幅上相对简单，并没有长篇叙事的功能。

然而，19 世纪末期，报刊漫画在英国、德国等欧洲国家开始兴起。早期的英国单页讽刺画已经引入了对话圈作为人物台词的表示方式，而美国漫画家进一步发展出了气球状的对话气泡，使对话能够与画面区分开来，不破坏构图的完整性。这一进步使漫画能够更好地呈现人物对话和故事情节。其中，1895 年的《黄孩子》是一部反映底层人民生活的通俗漫画，它在画面和造型上受到早期电影和民间舞台表演的影响，通过欢快活泼的动作设计和流畅明快的叙事节奏展现了当时的社会文化风貌和大众审美情趣。

直到 1947 年，日本漫画家手冢治虫首次系统地融合了电影镜头语法，使漫画具备了长篇叙事和复杂场景建构的功能。这标志着漫画超越了传统时期的片段式和场景式叙事，进入现代漫画的阶段。漫画的镜头语法从电影艺术中汲取营养，赋予了漫画连续性、故事性和广泛的题材与社会功能。镜头语法的引入是现代漫画与传统漫画的分界线，它使漫画能够更好地表达连续的故事情节，呈现复杂的场景和情感。漫画的核心要素包括故事、绘画和漫画语言，其中漫画语言实质上就是镜头语法和漫画符号。

20 世纪前期，随着叙事手法的突破和表现功能的加强，漫画的篇幅逐渐增长，单行本漫画开始流行起来。1989 年，日本漫画家石森章太郎发表了《万画宣言》，重新定义了漫画的概念。作为日本第一批现代漫画家，石森章太郎呼吁漫画的创新与完善，他认为现代漫画不再仅限于表现有趣或奇怪的事物，而具备了无限的表现能力。因此，他将漫画冠以"万画"之名，自称为万画家，并宣称漫画可以表现或再现世间万事万物。这一宣言强调了漫画的多样性和广泛的表现范围，将其视为大众的"嗜好之媒体"。

随着时间的推移，漫画的发展进入一个全新的阶段。随着技术的进步和数字媒体的兴起，电子漫画和网络漫画成为新的形式。电子设备的普及使漫画可以在电子屏幕上展示，人们可以通过电子书籍和在线平台阅读和传播漫画作品。这进一步拓宽了漫画的传播途径和扩大受众面。

总而言之，纸媒时代的漫画形态经历了从简单的片段式叙事到具有连续性和复杂性的长篇叙事的转变。镜头语法的引入使漫画能够更好地表达故事情节和情感，漫画的篇幅逐渐增长，单行本漫画流行起来。石森章太郎的《万画宣言》重新定义了漫画的概念，强调了漫画的多样性和广泛的表现能力。随着数字媒体的兴起，漫画进一步发展为电子漫画和网络漫画，拓宽了传播渠道和受众范围。这些变化与创新为漫画的发展提供了新的可能性，并让漫画成为大众喜爱的艺术形式。

（二）以图解时代精神为目的的文化参与

18 世纪后期，随着印刷技术的不断进步和纸质媒体市场的繁荣，漫画开始在欧洲成为大众日常生活中常见的符号消费品。在英国、法国、德国等文化市场繁荣的国家，报纸和杂志开始广泛使用单幅讽刺画来揭示社会问题并进行宣传教化。

到了 19 世纪末，随着现代报刊的普及，以及印刷技术的革新，报纸和杂志纷纷适应了视觉文化时代的新语境，开设了漫画专栏或创办了专门刊载漫画的子刊。这使长篇连载漫画逐渐流行起来。随着彩色印刷成本的降低，欧洲报纸上的漫画从黑白单幅画转变为彩色单幅画。这些欧洲报纸上的单幅讽刺画很快传到美国。1840 年，美国的第一份漫画报纸《杂碎》在波士顿创办。1876 年，德国移民阅读的漫画周刊《帕克》在美国创刊，并推出了英文版。1882 年，《评判》和《生活》两本杂志相继出版，美国的漫画市场在19 世纪后期持续繁荣起来。漫画作为一种受欢迎的文本样式，其直观、夸张、幽默的表现特点容易被各个年龄段的读者接受。对于当时受教育程度较低、识字率较低的民众来说，漫画的宣教功能显得比文字更加强大。因此，当时的美国主流报纸纷纷进军漫画领域，为漫画开设专栏或增加漫画特刊和增刊。

纸质媒体的普及导致了漫画市场的持续繁荣，并催生了连环漫画（故事漫画）的诞生。1895 年，与电影艺术诞生同年，普利策报业集团创办的《纽约世界报》周末副刊开始连载一部长篇故事漫画《黄孩子》。这部作品以一个贫民窟孩子的视角来揭示社会问题，嘲讽纽约市场的各种弊端。《黄孩子》被认为是世界上第一部连环故事漫画，它打破了单幅漫画的篇幅限制，开创了长篇故事漫画的范式，赋予了漫画更完整的叙事功能。

然而，美国的漫画并没有像日本漫画那样成为主流文化商品，持续承载着构建大众文化的重要社会功能。尽管在发展的早期，美国的漫画占据了先机，并且《黄孩子》的诞生早于日本漫画《新宝岛》将近半个世纪，培养了代际读者群体，但随着电影、电视、电子游戏等其他大众视觉文化形态的出现，20 世纪 50 年代后，漫画在美国大众文化市场逐渐消失，很难占据主流地位，只能以亚文化的形式继续存在。

出现这一情况主要有几个原因。首先，日本有着悠久的大众图像阅读历史，形成了大众阅读叙事性图像文本的审美传统，而美国的历史较短，没有这样的受众基础，因此无法发展出完整而精细的镜头语法和漫画符号体系。虽然可以借鉴日本漫画的经验，但它并不符合本国大众的审美习惯。

其次，美国漫画经历了两次繁荣：一次是得益于 20 世纪后期新闻报纸行业的竞争，另一次是得益于发展环境和时代主题。一旦离开了特定的优越文化语境，漫画的发展就受到限制，无法保持主流地位，最终回归到冷寂偏僻的亚文化领域。

尽管如此，漫画作为一种重要的文化表达形式，在纸质媒体时代仍然发挥着重要的作用，为大众提供了娱乐和思考的机会。它在纸媒时代通过讽刺、宣传和教育等多种方式与读者互动，促进了社会的文化参与，成为时代精神的图解表达。

（三）以纸本大众读物实现广泛传播

现代漫画的诞生是基于多种传统媒介载体的合谋。20 世纪初期，随着电影艺术的普及，各种类似的图像叙事艺术开始兴盛，如中国的拉洋片和日本的纸芝居。这些不同的大众视觉艺术形式共同构成了孕育并传播现代漫画文化的温床。

街头传播与现代漫画的萌芽是重要的起点。基于电影院和街头等媒体的图像表演，各种通俗图画叙事艺术在 20 世纪初期占据了大众审美的主导地位，对现代漫画的诞生起到了重要作用。特别是拉洋片和纸芝居等街头图像叙事表演形式，就像是静态的街头电视，唤醒了民众心理中已有的通俗图画叙事传统。这些形式培养了大众对故事漫画的阅读习惯，使他们熟悉镜头语言、拟声拟态符号和充满动态的画面呈现等表现形式，为民众接受现代漫画打下了基础。在繁忙的街头传播环境中，传统通俗故事画和现代大众审美需求在简朴的放映箱中融合在一起。

这种传统媒介载体为现代漫画的萌芽创造了大众审美基础，尤其在日本这一方面表现得明显。纸芝居的传播经历了两次短暂的繁荣：一次是在 1929 年世界经济危机后，另一次是 1945 年。1929 年的经济危机不仅为大批失业者提供了谋生手段，也为缺乏娱乐和教育的儿童提供了廉价的精神享受和物质享受。通过街头表演和故事创作的训练，纸芝居艺人磨炼出纯熟的线描技艺和角色造型能力，并掌握了丰富的叙事技巧，为随后的纸本漫画传播培养了一批漫画家。一些著名的漫画家，如水木茂和白土三平，都是出身于纸芝居行业。无论是在手冢治虫拉开现代漫画大幕的 20 世纪 40 年代末期，还是儿童漫画向青年漫画全面转型的 20 世纪 50 年代末期，纸芝居出身的漫画家们都凭借娴熟技艺迅速适应剧变的传播环境，及时开创了新的流行视觉文化范式。

除了街头传播，纸质媒介在现代漫画的传播中也起到了重要作用。在纸质现代报刊盛行的时代，漫画通过报刊成为主要的传播媒介。漫画在报刊中发挥了宣教和讽刺的作用，如鲁迅所说的"讽刺画本可以针砭社会的痼疾"。随着现代漫画的诞生，漫画杂志和单行本成为其主要的传播载体。这使漫画的叙事和表现功能得到了进一步强化，但也带来了创作和出版方面的一些问题。由于缺乏行业自律和规范，一度引发了创作和出版的乱象，也受到了社会舆论对色情和暴力元素的批评。

随着电影镜头语法被引入漫画叙事，并得以改良和完善，现代漫画的题材范围变得极为广泛，表现语言也变得复杂丰富，故事性得到了极大彰显，长篇故事漫画成为主流。然而，随着电视的普及和教育的普及，人们对漫画的依赖程度有所降低。电视的出现重塑了大众的日常审美活动，同时识字率的提高使人们更倾向于获取新闻时事信息和进行宣教的方式。在日本，现代漫画的诞生依赖盛行的地下出版物——赤本。赤本是一种脱离官方出版体系的出版物，以小开本（面积约与明信片等大）为特点，封面通常印制成俗丽的红色，内页使用廉价的劣质纸张，故事内容常常怪诞猎奇，封面形象刺激，借此吸引读者。赤本的售价一般为 10~50 日元，不在正规书店销售，而是在集市、地摊和糖果杂货店与廉价糖果和玩具捆绑销售。

1948—1950 年是赤本漫画传播的高峰期。由于受官方出版制度的限制，这种通俗易懂、价格低廉的图书迅速填补了日本战后初期文化市场的空白，为人们提供了廉价的精神娱乐。赤本漫画被媒体称为"穷人的电影院"。赤本漫画吸引了两大核心读者群体：一是儿童，约占当时日本总人口的四分之一；二是识字程度不高的成年人。尽管这些赤本漫画以明信片大小的劣质印刷读本形式出现，但它们的价格便宜、易于传播，内容直观、通俗易懂，同时叙事技巧丰富，优秀赤本漫画的主题往往深刻而复杂，漫画家们常以反战、救赎和文明的延续为主题。

通过纸芝居、赤本和其他传统媒介载体，现代漫画在 20 世纪初期开始萌芽，并逐渐发展成为一种具有广泛影响力和多样化表现形式的流行艺术。这些传统媒介不仅为现代漫画的诞生创造了大众审美基础，而且培养了大众对故事漫画的阅读习惯和欣赏能力。同时，现代漫画在媒介载体的不断变迁和演化中适应了时代的需求，不断创新和发展。如今，现代漫画已成为全球范围内受欢迎的艺术形式，深受人们喜爱和追捧。

第二节　东亚动漫的价值观

东亚动漫（包括日本、中国、韩国等地区的动画）展现了丰富多样的价值观，主要表现为以下几个方面。

一、尊重传统与文化

东亚动漫的尊重传统与文化价值观可以在各种作品中找到，其中包括中国、日本、韩国等地区的动画。这些作品以不同的方式传达了对传统价值观和文化元素的尊重，并致力于传承和弘扬自己国家的文化遗产。

（一）传统艺术形式的展示

东亚动漫常常通过展示传统艺术形式来体现对文化的尊重。例如，在日本动漫中，可以看到传统的浮世绘、茶道、歌舞伎等艺术形式被融入角色设计、场景描绘和故事情节中。这些元素的运用既展示了对传统艺术的赞美，也帮助观众更好地了解和欣赏当地的文化。

（二）历史故事和传说的再现

东亚动漫常常通过描绘历史故事和传说来展现对传统文化的尊重。这些作品以绘画、动画和故事叙述的方式再现了历史事件、英雄人物和传统神话。通过这种方式，观众可以深入了解自己国家的历史和传统价值观，感受到文化的丰富性和独特性。

（三）传统价值观的探讨

东亚动漫作品也常常探讨传统价值观在现代社会中的意义和适应性。通过将传统价值观与当代社会问题相结合，这些作品帮助观众思考传统文化在现代生活中的价值，并为当代人提供了对传统的新理解和新认识。

（四）文化交流与跨文化对话

东亚动漫作品也成了促进文化交流和跨文化对话的媒介。通过展示不同文化之间的联系和相互影响，这些作品帮助观众增进对其他国家和文化的了解和尊重。同时，它们为不同文化间的合作和交流提供了平台，促进了文化多样性的发展。

（五）保护与传承传统文化

一些东亚动漫作品关注保护与传承传统文化的重要性。它们通过描绘文化遗产的保护、传统技艺的传承以及对历史建筑和自然景观的呈现，呼吁观众保护和珍惜自己的传统文化。这些作品强调传统文化的独特价值和对社会发展的积极影响，激发观众对自己文化身份的自豪感和责任感。

（六）传统道德与伦理观念的呈现

东亚动漫作品常常探索传统道德与伦理观念，并将其融入故事情节和角色塑造中。这些作品通过呈现正直、忠诚、孝顺、礼仪等传统价值观，传递积极的生活态度和行为准则。观众可以从中领悟到传统道德观念在塑造个人品格和维系社会和谐方面的重要性。

（七）民间传说与神话的传承

东亚动漫经常以民间传说和神话为创作素材，传承和演绎了丰富的民间文化。这些作品通过角色的冒险与成长，揭示了传统神话和民间传说中蕴含的智慧和哲理。同时，它们扩大了这些传统故事的传播范围，使更多的观众能够了解和欣赏这些文化遗产。

（八）文化自信与文化创意的展示

东亚动漫作品表达了对自己文化的自信和独创性。它们通过独特的艺术风格、创新的故事构思和深入的文化内涵，展示了当地动漫产业的实力和魅力。同时，这种自信激励着创作者和观众，促使他们积极参与到文化创意的发展和推广中。

总的来说，东亚动漫通过对传统价值观和文化元素的尊重，传达了对文化遗产的保护与传承的重要性。它们展示了传统艺术形式、历史故事和民间传说，并探索传统道德观念和伦理原则。这些作品通过文化交流和跨文化对话，促进了不同文化间的理解和尊重。同时，东亚动漫展现了文化自信和文化创意的力量，推动着当地动漫产业的繁荣和发展。

二、努力与奋斗

东亚动漫作品常常强调努力与奋斗的价值观，通过角色的成长和自我超越，传达了人们通过努力和坚持可以实现目标和追求梦想的信念。

（一）个人成长与自我超越

东亚动漫作品经常描绘角色从平凡到卓越的成长历程。角色通常面临各种挑战和困境，但通过努力、坚持和不断的自我超越，他们逐渐实现自身潜能的发掘和成长。这种价值观鼓励观众相信自己的能力，勇敢面对困难，并通过持续的努力不断提升自己。

（二）梦想与目标的追求

东亚动漫作品常常以角色追求梦想和实现目标为故事的核心。无论是成为一名优秀的运动员、艺术家、音乐家，还是追求社会正义与和平，角色通过努力、训练和克服困难来追求自己的梦想。这种价值观激发观众对自己梦想的追求，并提醒他们实现梦想需要付出努力和坚持不懈。

（三）团队合作与协作精神

东亚动漫作品中，角色的努力和奋斗常常与团队合作和协作精神相结合。角色们相互扶持、相互支持，并通过共同的目标和努力来克服困难和取得成功。这种价值观强调团队合作的重要性，鼓励观众学会与他人合作，并通过共同努力实现更大的成就。

（四）持之以恒与坚持不懈

东亚动漫作品强调持之以恒和坚持不懈的精神。角色们通常面临各种挫折和困难，但他们并不轻易放弃，而是坚持追求自己的目标。通过坚韧不拔的努力和不屈不挠的精神，角色们克服困难，最终取得了成功。这种价值观鼓励观众在面对挑战时保持毅力和坚持，不畏艰辛，为实现自己的梦想而继续努力。

（五）自我探索与个性发展

东亚动漫作品强调通过努力和奋斗实现自我探索和个性发展的重要性。角色通常面临对自身能力、兴趣和身份的探索，通过尝试不同的事物和经历，他们逐渐明确自己的目标和发展方向。这种价值观鼓励观众积极探索自己的兴趣和激情，并通过努力和奋斗发展自己的个性和才能。

（六）毅力与面对挫折

东亚动漫作品传达了面对挫折时保持毅力和坚韧精神的重要性。角色通常面临挑战和失败，但他们并不轻易放弃，而是通过坚持和努力克服困难。这种价值观鼓励观众在面对挫折时保持积极的心态，并不断寻找解决问题的方法，相信自己的能力和潜力。

（七）意志力与自律

东亚动漫作品强调意志力和自律的重要性。角色通过培养自己的意志力，控制自己的情绪和欲望，坚持追求目标。他们展现了自律的生活方式，包括规律的训练、努力学习和良好的时间管理。这种价值观鼓励观众培养自己的自律能力，以实现个人成长和目标的实现。

（八）实例解析

例如，日本动漫《火影忍者》中的主人公漩涡鸣人是一个充满梦想和决心的年轻忍者。他面对各种挫折和困难，如孤身面对强敌、失去亲人、受到社会的误解和排斥等，但他始终保持着坚强的意志和毅力。漩涡鸣人通过不断努力和奋斗，不仅成了强大的忍者，而且改变了人们对他的看法，并成了村庄的英雄和伙伴的支持。

再如，中国动漫《秦时明月》以中国历史故事为背景，讲述了一个年轻的剑客明月在大秦帝国中追求自己的理想与正义的故事。他通过磨炼武艺、克服各种困难和挑战，最终成了一代剑圣。明月通过不断地努力，不仅实现了个人的成长，也为国家和社会做出了重要贡献。

这些例子均展示了东亚动漫中角色通过努力和奋斗来实现目标和追求梦想的故事。无论是面对逆境、挫折、困难，还是社会的误解，角色们都展现出坚韧不拔的毅力和持续的努力。观众通过这些故事，被鼓舞和激励，相信自己的努力和奋斗可以改变命运，实现个人的成长和梦想的实现。

通过对努力与奋斗的价值观的传递，东亚动漫作品不仅给予观众积极的力量和启发，也强调了个人努力和奋斗的重要性。它们鼓励观众追求自己的梦想，勇敢面对困难，并通过努力和奋斗实现自身的成长和成就。

三、发现与成长

东亚动漫作品常常强调角色的自我发现和成长过程，通过深入描绘角色的内心世界和经历，展示他们在面对挑战和困惑时如何通过反思和成长来发展自己的个性、价值观和人生观。

（一）探索自我身份与认同

东亚动漫作品经常围绕角色的自我身份和认同展开故事。角色面临对自己是谁、属于哪个群体以及自己的使命和价值的思考。通过经历各种冒险和挑战，他们逐渐发现自己的独特性，并接受和拥抱自己的身份。这种价值观鼓励观众勇于探索自己的内心世界，找到自己的真实自我，并为自己的独特性感到自豪。

（二）反思与成长

东亚动漫作品强调角色通过反思和成长来实现自我发现。角色经历挫折、错误和失败后，他们会进行反思和自省，从中吸取教训，并努力成长和改变。他们学会接纳自己的缺点和不足，并通过努力和奋斗逐渐克服自己的弱点。这种价值观鼓励观众积极面对自己的过失和错误，并通过反思和成长实现个人的进步和发展。

（三）人际关系与情感成长

东亚动漫作品探索人际关系和情感成长的主题。角色在与他人的互动和交流中，逐渐理解和体验人类情感的复杂性，学会关心、理解和尊重他人。通过与伙伴、家人和朋友之间的互动，角色发展出深厚的情感纽带和人际关系，这也促使他们更加成熟和成长。这种价值观强调人际关系的重要性，鼓励观众在人际交往中培养真诚、包容和关爱的态度。

（四）接纳与宽容

东亚动漫作品强调接纳与宽容的价值观。角色经历了与他人的冲突和不同意见的碰撞，从中学会尊重和理解他人的观点和差异。他们通过接纳和宽容，建立起和谐的人际关系和社会共融。这种价值观鼓励观众尊重他人的独特性和多样性，培养宽容和包容的心态，创造一个和谐和平的社会环境。

（五）勇于面对内心的冲突与困惑

东亚动漫作品经常探索角色内心的冲突和困惑。角色常常面临道德、伦理和人性的选择，他们需要直面内心的挣扎和困惑，并做出艰难的抉择。通过面对这些内心的冲突，角色成长并逐渐明确自己的价值观和信念。这种价值观鼓励观众勇于面对自己内心的矛盾和困惑，思考和探索人生的意义和价值，并为自己的选择负责。

（六）追求真实与自由

东亚动漫作品强调追求真实和自由的重要性。角色经历各种虚伪、束缚和压力，他们追求真实的自我表达和生活方式。他们勇敢面对社会的期待和压力，坚持追求自己内心真正的欲望和激情。这种价值观鼓励观众勇敢面对自己内心的声音，并追求真实和自由的生活。

（七）自我价值与尊重

东亚动漫作品强调每个人都有自己的价值和意义。角色在努力和成长的过程中，逐渐认识到自己的价值和潜力，并学会尊重自己和他人。这种价值观鼓励观众相信自己的独特性和价值，不要追求别人的认同和审美，而是建立起积极的自我认知和自尊。

通过对发现与成长的价值观的传递，东亚动漫作品为观众提供了思考人生、认识自我的机会。它们鼓励观众勇于探索自己的内心世界，面对自己的挣扎和困惑，并通过反思和成长实现个人的进步和发展。同时，它们强调了人际关系的重要性，鼓励观众尊重和理解他人的差异，创造一个充满宽容与和谐的社会环境。这些价值观为观众提供了积极的启示。

四、友情与团结

友情和团结是东亚动漫作品中常见的价值观，它们在角色之间的互动和合作中扮演着重要的角色。

（一）深厚的友情

东亚动漫作品经常展现角色之间深厚的友情关系。这些友情不仅是一种情感纽带，也是角色成长和面对挑战的力量来源。通过共同经历冒险、困难和喜悦，角色之间建立起紧密的情感联系，彼此扶持和鼓励。这种价值观强调了友情的重要性，鼓励观众珍惜和培养真挚的友谊。

例如，日本动漫《火影忍者》中，主人公漩涡鸣人与他的伙伴们——佐助、小樱和其他忍者们之间的友情深厚而坚定。无论是在战斗中互相守护，还是在困难时刻彼此支持，他们共同面对挑战，努力实现自己的梦想，同时帮助彼此成长。

（二）团队合作的重要性

东亚动漫作品强调团队合作和协作精神。角色们通常需要联合起来，共同面对各种困难和敌对势力。他们通过互相配合、相互扶持，发挥各自的特长和能力，共同达成目标。团队的力量使他们能够战胜强敌、克服困难，实现自己的梦想。

例如，日本动漫《进击的巨人》中，人类与巨人的战斗需要全体成员的紧密合作。他们组成团队，制定战略，互相支持和保护。只有通过团队的努力和团结一致，他们才能对抗巨人，并保卫自己的家园。

（三）共同目标的追求

东亚动漫作品通常以共同目标的追求为故事的核心。角色们团结一致，共同追求正义、和平、荣誉或者其他重要的价值目标。他们通过相互帮助、互相鼓励，共同努力实现目标。

例如，中国动漫《白蛇传》中，白蛇和青蛇为了救助被困的人类和克服自身的困难，他们团结一致，共同肩负着救人于水火的使命。他们相互扶持、相互支持，共同面对各种挑战，最终取得了胜利。这种价值观强调了共同目标的重要性，鼓励观众与他人合作，共同努力追求共同的价值和目标。

通过对友情和团结的价值观的传递，东亚动漫作品激发观众珍视和培养真挚的友谊，鼓励观众学会团结合作，共同追求共同的目标。这些价值观也传递了相互关心和相互支持的重要性，帮助观众建立稳固和谐的人际关系，促进社会的共融与发展。在东亚动漫作品中，友情和团结不仅是角色之间的情感纽带，还代表了观众与角色之间的情感共鸣和人际关系的重要性。

五、家庭和爱

家庭和爱的重要性在东亚动漫中得到强调。角色之间的家庭关系、亲情和家庭责任常常成为故事情节和角色发展的核心。

（一）家庭关系的重要性

东亚动漫作品强调家庭关系的重要性，将其作为角色成长和故事发展的核心。角色们与他们的家人之间建立着深厚的情感纽带，家庭成员之间的关爱、支持和理解对于角色的成长起到重要的作用。家庭是一个温暖的避风港，给予角色力量和勇气面对外界的挑战。

例如，日本动漫《千与千寻》中的主人公千寻在迷失神灵之乡后，通过与父母之间的关系来探索自我和成长。她在与神灵和奇幻生物的冒险中，逐渐认识到自己对家庭的珍视和依赖。父母的爱与关怀不仅帮助她克服困难，也为她提供了安全感和力量。

（二）亲情的力量

东亚动漫作品强调亲情的力量，以展现角色之间深深的亲情纽带。兄弟姐妹之间的关系、父母与子女之间的情感，以及其他亲属关系的表达，都彰显了亲情的重要性和影响力。角色们在彼此的支持和照顾下，共同面对挑战，相互鼓励和帮助。

例如，中国动漫《大鱼海棠》中，女主角椿与弟弟鲲之间的亲情关系起到重要的作用。他们相互扶持、相互保护，在困境中共同成长。亲情的力量不仅帮助他们度过艰难的时刻，也为他们提供了温暖和勇气。

（三）家庭责任与奉献

东亚动漫作品强调家庭责任和奉献精神。角色们承担着对家庭的责任，尽力保护和维护家庭的幸福和安宁。他们牺牲个人的利益，为了家庭的利益而奋斗，无私地付出。

例如，日本动漫《寄生兽》中的主人公新一为家庭的幸福和安宁，与寄生在他身上的异形生物共同对抗其他寄生兽。尽管他面临巨大的困难和危险，但他为了保护家人，毫不犹豫地投入战斗。他的奉献精神和家庭责任感展现了东亚动漫中对家庭价值的重视。

（四）家庭和睦与和谐

东亚动漫作品传达了家庭和睦与和谐的重要性。角色们努力维系家庭关系的和谐，通过沟通、理解和包容来解决冲突和困扰。家庭成员之间的和睦相处不仅带来温馨的家庭氛围，也为角色提供了安全感和支持。

例如，日本动漫《四月是你的谎言》中，主人公亚里沙与她的家人之间展现了一种和睦而温暖的家庭关系。她的家人理解并支持她的音乐梦想，为她创造了一个良好的成长环境。这种和谐的家庭关系为她提供了勇气和动力，追求自己的梦想。

（五）跨越代际的关爱

东亚动漫作品还强调了跨越代际的关爱和尊重。角色与他们的祖父母、长辈之间建立起深厚的情感连接，通过互相尊重和关怀来传承家族的价值观和传统。

例如，中国动漫《大头儿子和小头爸爸》中，主人公大头儿子与他的爸爸之间展现了一种温馨而亲密的父子关系。他们之间的互动充满了幽默和关爱，大头儿子常常在关键时刻帮助和支持他的爸爸。这种跨代的关爱不仅表达了亲情的力量，也传递了尊重和传承家族价值的重要性。

通过对家庭和爱的价值观的传递，东亚动漫作品强调了家庭关系的重要性，鼓励观众珍视和维护亲情关系，体现家庭责任和奉献精神。这些价值观不仅在角色的成长和故事情节中扮演重要的角色，也对观众产生深远的影响。它们提醒观众家庭是温暖的避风港，也是情感的寄托和支持的来源。

六、和平与和谐

和平与和谐是东亚动漫作品中常见的核心价值观。这些作品传递了解决冲突、维护和平、促进合作与理解的重要性，呼吁人们追求和平与和谐的世界。

（一）解决冲突与和平的追求

东亚动漫作品强调通过和平手段解决冲突的重要性。角色们努力寻找和平的途径，与敌对势力进行对话、协商和妥协，以避免战争和破坏。他们通过互相理解、包容和宽容，寻求共同利益与和解的方式。这种价值观鼓励观众反思暴力和冲突解决的方式，并追求和平与和谐的社会。

例如，日本动漫《银魂》中，主人公坂田银时与其他角色努力维护和平和社会正义。他们通过和平手段解决冲突，与敌对势力进行对话和协商，以达成共同的理解与和解。这种解决冲突与和平的追求体现了东亚动漫对于和平的重视和呼吁。

（二）合作与理解

东亚动漫作品强调合作与理解的重要性。角色们相互合作、互相支持，共同面对挑战和困难。他们尊重彼此的差异，理解对方的观点和感受，以达到共同的目标。通过合作和理解，他们实现了和谐的团队氛围，共同创造了更好的结果。

例如，韩国动漫《神奇宝贝》中，训练师们通过与自己的宝可梦伙伴建立亲密的合作关系，共同参与战斗和冒险。他们相互信任、相互理解，通过合作和团结，克服各种困难和挑战。这种合作与理解的精神体现了东亚动漫对于合作共赢的重视和呼吁。

（三）文化交流与互相尊重

东亚动漫作品强调不同文化之间的交流与互相尊重。角色们在跨越文化差异的过程中，学习和欣赏彼此的文化，促进了跨文化的理解和友谊。他们通过互相尊重，展示了东亚动漫对于文化交流与互相尊重的重视。

例如，中国动漫《山海经之赤影传说》中，主人公们来自不同的文化背景，代表着不同的山海文化。他们在共同的冒险中学习和尊重彼此的文化，通过交流与合作，促进了彼此之间的理解和友谊。这种文化交流和互相尊重的价值观体现了东亚动漫对于跨文化交流与和谐共存的追求。

（四）和平与正义的追求

东亚动漫作品强调和平与正义的追求，通过正义的力量维护社会的和谐与公平。角色们奋斗在正义的旗帜下，与邪恶势力抗衡，追求和平与公正的社会秩序。他们通过勇敢和坚定的行动，为社会带来和谐与稳定。

例如，日本动漫《海贼王》中，主人公蒙奇·D.路飞与他的伙伴们追求自由与正义，与邪恶势力海军做斗争。他们通过战斗与努力，为了实现公平正义的世界而奋斗，为了维护和平与自由的价值而付出。这种和平与正义的追求体现了东亚动漫对于和谐社会的向往和呼唤。

（五）环境保护与和谐共生

东亚动漫作品还关注环境保护与和谐共生的重要性。角色们尊重大自然，意识到人与自然的相互依存关系，并努力保护环境。他们呼吁人们关爱自然、珍视资源，并通过行动保护生态环境，实现人与自然的和谐共生。

例如，日本动漫《魔女宅急便》中，女主角琪琪成为一名魔女，她通过飞行快递的工作与大自然保持联系，并体现了对自然的敬畏与保护。她与自然界的和谐共生展现了对环境保护与和谐共生的关注。

通过对和平与和谐的价值观的传递，东亚动漫作品强调了和平解决冲突、促进合作与理解的重要性。它们鼓励观众关注社会和谐与公正，促进文化交流和互相尊重，追求和平与正义的社会秩序，以及环境保护与和谐共生。这些价值观不仅在故事情节中扮演重要角色，也对观众产生深远的影响。

七、自由与个性

东亚动漫也强调个人的自由和独立思考的重要性。角色通常被鼓励追求自己的兴趣、发展个性，并勇敢地表达自己的想法和信念。

（一）个人兴趣与独立思考

东亚动漫作品鼓励角色追求自己的兴趣和热情，并独立思考问题。角色被激励去发现自己真正感兴趣的领域，并追求在这些领域中的成长和发展。他们不被社会的期望和压力束缚，而是勇敢地走自己的道路，追求个人的梦想和目标。这种价值观鼓励观众尊重自己的兴趣和热情，勇敢地追求自己独特的道路。

例如，日本动漫《你的名字》中，女主角三叶对宇宙和天文学抱有浓厚的兴趣。她独立思考并勇敢地追求自己的兴趣，最终实现了与男主角夏树的奇妙邂逅和命运的交汇。通过展示三叶的独立思考和对自己兴趣的追求，这部作品鼓励观众发现自己的热情，并勇敢地走向实现梦想的道路。

（二）个性的表达与信念的坚持

东亚动漫作品强调个人对于自己想法和信念的坚持，并鼓励勇敢地表达自己的个性。角色们通常面对各种挑战和困难，但他们坚守自己的信念，勇敢地为自己认为正确的事情而战斗。这种价值观强调个人的独特性和自我价值，鼓励观众坚定地表达自己的想法和信仰。

例如，中国动漫《魔道祖师》中的主人公魏无羡秉持着自己的信念，勇敢地面对困难和敌人，为了正义而战斗。他坚守自己对于正义与和平的信念，勇敢地挑战不公和邪恶。通过展示角色对于自己信念的坚持，这部作品强调了个性表达和信念的重要性，鼓励观众勇敢地追随内心的声音，坚定地追求自己认为正确的道路。

（三）自我接纳与身份认同

东亚动漫作品强调个人的自我接纳和身份认同。角色经历着自我认知的过程，接纳自己的独特性，并寻找属于自己的身份和位置。他们面对来自社会和他人的质疑和压力，但通过自我探索和成长，最终接受并珍视自己的真实面貌。这种价值观鼓励观众积极探索自己的身份，勇敢地追求真实的自我，并对自己的独特性感到自豪。

（四）创造力与独特性的重要性

东亚动漫作品强调个人创造力和独特性的重要性。角色们被鼓励发挥自己的创造力，通过独特的想法和行动，带来积极的变化和影响。这种价值观鼓励观众相信自己的创造力和独特性，勇敢地追求自己的创意和激情，并通过创新和个性的表达，为社会带来积极的影响。

例如，日本动漫《冰菓》中，男主角折木奉太郎以他独特的洞察力和才华解决了许多谜题和难题。他通过创造性思维和独特的方法解决问题，为故事带来新的视角和发展。这部作品强调个人的创造力和独特性，鼓励观众在解决问题和追求梦想时发挥自己的独特才能。

通过对自由与个性的价值观的传递，东亚动漫作品激励观众追求自己的兴趣和发展个性，勇敢地表达自己的想法和信念。它们鼓励观众独立思考、追随内心的声音，并接纳和珍视自己的独特性。

第三节 中国动漫对传统文化的表达与传承

中国动漫对传统文化的表达与传承在过去几年得到了越来越多的关注。作为一种具有独特魅力和表现形式的艺术形式，中国动漫逐渐将传统文化元素融入作品中，以传承和弘扬中华优秀传统文化。

一、传统文化之魅影：中国动漫的历史文化传承

中国动漫作品通过展示传统文化的故事情节、人物形象和艺术风格，向观众传递着深厚的历史文化内涵。这些作品以传统神话、历史传说、经典文学作品等为创作素材，将传统文化与现代故事相融合，以吸引观众的注意力。通过动画的形式，这些作品以生动的方式展现了中国传统文化的魅力和智慧，激发了观众对传统文化的兴趣和热爱。

中国动漫以其独特的艺术表现形式和创作手法，将传统文化融入作品中，创造出独具魅力的世界。在这些作品中，观众可以看到传统文化的影子，感受到历史的厚重和智慧的博大。

（一）传统神话与传说的再现

中国动漫作品常常选取传统神话和传说作为创作素材，重新演绎其中的故事情节和人物形象。通过动画的形式，这些作品将古老的神话世界重现在观众面前。例如，中国动漫《封神演义》以中国古代神话故事为基础，描绘了神、仙、妖、魔的斗争与传奇。通过精美的画面和生动的表现，观众领略到传统神话的神秘和魅力。

（二）历史文化的翻新与诠释

中国动漫作品在传统文化的基础上进行创新和演绎，以现代化的方式呈现给观众。它们通过将历史事件、人物和故事融入动画中，展现了中国古代文化的丰富性和多样性。例如，中国动漫《秦时明月》以中国历史故事为背景，讲述了一个年青剑客在大秦帝国中追求自己的理想与正义的故事。作品将历史人物和事件融入故事情节中，通过精良的动画制作和精彩的剧情，将观众带入一个充满古代气息和历史文化的世界。

（三）经典文学的再现与诠释

中国动漫作品常常以经典文学作品为创作素材，重新演绎其中的故事情节和人物形象。这些作品通过动画的形式，将经典文学作品的精华呈现给观众，使其能够更好地了解和感受中国古代文学的魅力。例如，中国动漫《西游记》以古代文学名著《西游记》为基础，讲述了孙悟空等主要人物的奇幻冒险之旅。作品将原著中的经典情节和人物形象进行重新演绎，通过独特的艺术风格和动画效果，向观众展现了古代文学作品的魔幻与智慧。

（四）艺术风格的传承与创新

中国动漫作品在表现传统文化方面，也注重传承和创新艺术风格。它们通过独特的画风、配乐和色彩运用，赋予作品独特的视觉魅力，将传统文化的美感展现得淋漓尽致。同时，一些作品在传统文化的基础上进行艺术风格的创新，将传统与现代元素相结合，创造出新颖的艺术形式。这种传承与创新的艺术风格使中国动漫作品在国际舞台上独具特色，获得了广泛的认可与赞誉。

二、传统文化与现代创新：中国动漫的文化融合

文化融合的创作方式不仅保留了传统文化的核心价值观和精髓，还融入了现代社会的元素和观念，创造出独有的艺术风格和特点。通过将传统文化与当代问题相结合，这些作品呈现与时俱进的主题和故事情节，引发观众对传统文化的思考和探索。

在中国动漫的文化融合中，创作者们通过创新的手法和艺术表现形式，将传统文化的元素与现代社会的场景、人物以及思想相结合，形成了独具特色的作品。他们不仅保留了传统文化的符号、象征和风格，还运用现代化的技术和表现手法，使作品更具吸引力和观赏性。通过这样的融合，中国动漫作品在国内外赢得了广泛的关注和赞誉。

中国动漫《西游记之大圣归来》就是一个充分展现文化融合的例子。该作品以中国传统文化中的经典故事《西游记》为基础，重新演绎了孙悟空的传奇故事。通过现代化的动画制作和创新的叙事方式，作品将传统故事与现代观众的审美需求相结合，创造出了视觉和情感上的震撼。同时，作品注入了现代社会的价值观念，如对自由、友情和成长的追求，使观众可以在欣赏故事的同时，产生共鸣和思考。

文化融合的创作方式不仅体现在故事情节上，也体现在人物形象的创造上。中国动漫作品常常将传统文化中的英雄、神仙、妖魔等形象进行重新演绎，使其更符合现代观

众的审美和认知。例如，中国动漫《山海经之再见怪兽》以中国古代文化中的神话和妖怪为创作素材，创造出了一批别具一格的角色形象。这些角色不仅具有传统文化中的特征和能力，还拥有现代人的思维和情感，使观众可以更加容易地与他们产生共情和情感共鸣。

在文化融合的创作中，中国动漫作品还注重将传统文化的智慧和价值观念融入现代故事中。通过角色的言行和行为，作品传递了传统文化中的道德准则、家庭观念、孝道等核心价值观。这种融合使观众在欣赏动画的同时，能够感受到传统文化的魅力，并思考如何将其应用到现实生活中。

例如，中国动漫《大闹天宫》以中国传统神话故事《西游记》为基础，讲述了孙悟空与天神们之间的斗争与成长的故事。在故事中，孙悟空通过各种考验和挑战，最终认识到自己的过错，并以孝顺和忠诚来弥补。这一故事反映了中国传统文化中的孝道观念和道德修养，通过动画的形式将这些价值观传递给观众，引发他们对个人行为和道德选择的思考。

此外，中国动画作品还通过传统文化的艺术风格和符号语言来表达创作者的独特观点和审美追求。动漫中常出现中国传统绘画的影子，如山水画中的山川、水墨画的墨迹等，以及传统服饰和建筑的元素。这些艺术元素不仅展现了中国传统文化的独特美学，也丰富了作品的视觉呈现和情感表达。观众在观赏这些作品时，不仅可以欣赏到精美的画面，还可以感受到传统文化的美与智慧。

通过将传统文化与现代创新相结合，中国动漫作品不仅在国内受到广泛的喜爱，也在国际舞台上展现了独特的魅力。这些作品不仅为观众带来了娱乐和艺术的享受，更为传统文化的传承和发展做出了重要的贡献。它们将传统文化的智慧和美学注入现代创作中，通过动画的形式传递给观众，使传统文化焕发出新的生机和活力。

三、中国动漫产业积极推动传统文化的传承和发展

中国动漫产业在推动传统文化的传承和发展方面起到了积极作用。许多动漫制作公司和创作者深入研究和探索传统文化的元素，将其运用到作品的各个方面，从角色设计到故事情节，从场景构建到音乐配乐，力求呈现真实而精美的传统文化图景。

在角色设计方面，中国动漫作品注重通过角色形象的塑造来展现传统文化的魅力。角色的服饰、发型、道具等细节都充满了传统文化的元素。例如，一些作品中的角色穿着传统的汉服或古装，融入了传统文化的色彩和风格。他们的容貌和举止也可能受到传统文化的启发，展现出优雅、庄重或者独特的气质。

在故事情节方面，中国动漫作品常常以传统文化的故事、神话或历史事件为基础，通过创新的叙事手法和现代化的表达方式，将其重新演绎。这样的创作方式不仅使传统文化得以传承，也让观众以全新的视角去体验传统文化的内涵和魅力。通过丰富的故事情节，观众可以更深入地了解传统文化的价值观、道德观念以及人与自然的关系等。

在场景构建和美术设计方面，中国动漫作品常常借鉴传统文化的艺术风格和符号语言。它们运用传统绘画、民间艺术和建筑等元素，创造出独特的视觉效果。例如，作品中出现中国传统山水画的山川、水墨画的墨迹，或者民间艺术中的花鸟虫鱼等元素。这些艺术元素不仅赋予作品以美感和独特性，也体现了中国传统文化的独特艺术魅力。

在中国动漫产业中，还有一些探索传统文化的创新形式。其中之一是通过创作原创作品，将传统文化的元素与现代故事相结合。这种创作方式在保持传统文化特色的同时，赋予了作品更多的创意和想象力。通过将传统文化的元素融入现代故事情节中，创作者们以独特的方式呈现了传统文化的精髓和智慧。

另外，中国动漫产业还积极开展与传统文化相关的衍生产品开发和推广。这些衍生产品包括漫画集、游戏、周边商品等，通过多种渠道将传统文化元素引入观众的日常生活中。这种方式不仅增加了传统文化的可见性和影响力，也为观众提供了更多了解和体验传统文化的机会。

除了创作和衍生产品开发，中国动漫产业还积极参与传统文化的传承和保护。一些动漫制作公司与传统文化机构、学者和艺术家合作，共同研究传统文化的内容和形式，并将其应用于动漫作品中。这种跨界合作不仅有助于传统文化的传统技艺得到传承和发展，也为中国动漫作品赋予了更多的历史和文化内涵。

中国动漫产业通过展示传统文化的故事、人物和艺术风格，以及在创作中的创新与演绎，积极推动了传统文化的传承和发展。它们保留了传统文化的核心价值观和精髓，同时注入了现代元素和观念，使传统文化在当代社会中焕发出新的生机和魅力。这些努力不仅丰富了中国动漫作品的内容和风格，也为观众提供了更多了解和欣赏传统文化的途径。

四、中国动漫与传统文化的活动合作

中国动漫产业在推动传统文化的传承和发展方面，与传统文化相关的活动合作发挥着重要的作用。这些合作活动旨在通过动漫作品和传统文化元素的结合，向观众展示传统文化的魅力，并激发年青一代对传统文化的兴趣和热爱。

（一）动漫展览

动漫展览是中国动漫产业与传统文化相互融合的一个重要形式。在这些展览中，传统文化元素与动漫作品相结合，呈现别具一格的展示形式。通过展览，观众可以近距离地接触传统文化的艺术表现形式和精髓，进一步加深对传统文化的认识和理解。

1. 传统文化题材的动漫作品展示

动漫展览中常常展示以传统文化为题材的动漫作品。这些作品以中国古代神话、历史传说、经典文学作品等为创作素材，通过动画的形式将传统文化元素融入故事情节、人物形象和艺术风格中。观众可以通过欣赏这些作品，深入了解传统文化的故事和精神内涵。例如，展览中可能会展示以《西游记》《红楼梦》《水浒传》等为题材的动漫作品，通过展示动画片段、角色模型、插图等形式，让观众感受到传统文化与动漫的结合。

2. 传统文化元素的融入

在动漫展览中，动漫作品创作者常常将传统文化元素融入角色设计、剧情构建、场景描绘等方面。他们注重细节和精确性，最大限度地呈现真实而精美的传统文化图景。通过细致的画面表现、精巧的角色造型和服饰设计，展览向观众展示了传统文化的魅力和博大精深。例如，在展览中会展示具有中国传统文化特色的角色形象，如古装仙侠、武术大师、传统神话人物等，通过展示角色的服饰、发型、道具等细节，展现出中国传统文化的独特美感。

3. 互动体验和文化传承

动漫展览还通过互动体验的方式，将观众引入传统文化的世界。观众可以参与各种活动，如绘画工作坊、传统手工艺制作、舞台表演等，亲身体验传统文化的魅力。这些活动不仅可以让观众在展览中观赏传统文化的展示，还可以亲身参与其中，深入了解和体验传统文化的精髓。例如，在绘画工作坊中，观众可以学习传统绘画技法，如水墨画、国画等，感受传统绘画的韵味和技艺。在传统手工艺制作活动中，观众可以亲手制作传统文化的手工艺品，如剪纸、刺绣、瓷器等，了解传统工艺的独特之处。舞台表演活动中，观众可以观赏传统舞蹈、音乐、戏曲等演出，感受传统表演艺术的魅力和精湛技艺。

这些互动体验和文化传承的活动通过让观众亲身参与，使他们更加深入地了解和感受传统文化的内涵和魅力。观众不仅可以欣赏传统文化，还可以亲身体验其中的艺术过程，增进对传统文化的理解和认同。

此外，动漫展览还提供了一个平台，让动漫产业和传统文化产业相互交流与合作。展览中通常会邀请传统文化专家、学者、艺术家等参与，进行演讲、讲座、研讨会等活动，分享对传统文化的研究和见解。同时，动漫产业相关的创作者、制作团队等也有机会与传统文化领域的专业人士进行合作与交流，共同探索传统文化在动漫中的创新和发展。

通过动漫展览与传统文化的活动合作，传统文化得到了更广泛的传承和推广，动漫作品也在传统文化的基础上进行创新和发展。这种文化交流与融合的方式不仅为观众提供了一个更加丰富和深入地了解传统文化的途径，也促进了动漫产业和传统文化产业的共同发展和繁荣。

（二）庆典活动

中国动漫作品在传统文化庆典活动中扮演着重要的角色，通过与传统文化元素的结合，为庆典注入了新的活力和创意。这种活动合作为观众提供了一个独特的文化体验，使他们更加深入地了解和感受传统文化的魅力。

在传统文化庆典活动中，动漫作品常常以舞台剧、音乐会、演出等形式呈现。通过精心设计的剧本和表演，动漫角色与传统文化元素相融合，以生动有趣的方式向观众展现传统文化的魅力和内涵。例如，在春节庆典活动中，动漫作品可以通过舞台剧的形式，讲述与春节相关的传统故事，演绎传统文化的习俗和民俗活动。这种活动形式既保留了传统文化的底蕴，又通过动漫作品的创新呈现，吸引了更多的观众参与和关注。

动漫作品还可以通过音乐会的形式，将传统文化的音乐和动漫音乐相结合。传统乐器、古老的曲调与现代的音乐元素相融合，创作出独特而富有魅力的音乐作品。观众可以在音乐会中欣赏到传统文化的音乐艺术，同时感受到动漫作品带来的活力和创意。

此外，动漫作品在传统文化庆典活动中的演出还可以结合舞蹈、戏曲、杂技等表演形式，呈现精彩纷呈的节目。通过动漫角色的形象和动作，以及舞台设计和灯光效果的运用，将传统文化的表演艺术与动漫的创意和技术相结合，创造出独特而震撼的视听效果。观众可以在欣赏表演的同时，感受到传统文化与现代动漫的碰撞与交融，体验到文化的传承与创新。

通过与传统文化庆典活动的合作，动漫作品不仅为庆典注入了新的元素和活力，也通过庆典向观众传递传统文化的价值观和精神内涵。观众可以通过参与庆典活动，亲身体验动漫与传统文化的融合，深入地了解传统文化的内涵和价值。

（三）交流与推广活动

中国动漫作品与传统文化相关的机构、学者和专家进行交流与合作，共同推动传统文化的传承和创新。这种交流与合作为动漫作品注入了更多的历史文化细节和故事，使其更加准确地表达传统文化的精髓和内涵。

一方面，动漫作品与传统文化研究机构的合作可以提供丰富的历史文化资料和研究成果，为动漫创作者提供可靠的参考和依据。通过与专业机构的合作，动漫作品可以更加深入地了解传统文化的背景和意义，准确地表达传统文化的核心价值观和精神内涵。例如，动漫作品会与历史学家、民俗学家、艺术史学家等专家进行合作，深入研究传统文化的历史演变、民俗习俗和艺术表现形式，以便将这些丰富的文化元素融入作品中。

另一方面，动漫作品可以与传统文化专家进行合作，以确保作品的真实性和文化价值。传统文化专家对于传统文化的研究和理解具有深厚的学术背景和专业知识。他们可以为动漫作品提供专业的指导和建议，确保作品在呈现传统文化时能够准确而精确。例如，动漫作品会与文学专家、戏曲演员、书法家等合作，以便在作品中体现传统文学作品、戏曲表演和书法艺术的精髓和特点。通过与专家的合作，动漫作品可以提高观众对传统文化的认知水平和理解能力，传递更加深入和准确的文化信息。

交流与合作不仅局限于理论层面，还可以在实践中展开。例如，动漫创作者会参观传统文化艺术工作坊，与传统文化艺术家面对面交流，学习他们的技艺和艺术表现方式。这种实践交流可以为动漫作品注入更多的艺术灵感和创造力，使作品在表现传统文化方面更加贴近实际。

交流与合作不仅促进了传统文化与动漫的融合，也为传统文化的推广和传承提供了新的渠道和方式。传统文化相关的机构和专家可以通过与动漫作品的合作，将传统文化推广给更广泛的观众群体。他们可以在动漫作品的创作过程中提供指导和支持，确保作品在传达传统文化的同时能够符合观众的接受度和喜好。此外，他们还可以参与活动的策划和组织，以丰富多样的方式展示传统文化的魅力。

在活动合作方面，传统文化庆典和动漫展览是两种常见的形式。传统文化庆典通常是在特定的日期或节日举办，通过展示传统文化元素和表演形式，向观众展示传统文化的丰富内涵和精彩表现。与此同时，动漫作品可以作为庆典活动中的重要组成部分，通过演出、展示、互动等方式，将传统文化与动漫的创意相结合，吸引更多观众的参与和关注。

此外，动漫展览也是动漫作品与传统文化合作的重要形式之一。在动漫展览中，常常通过展示传统文化题材的动漫作品、相关的艺术品和创作过程，向观众呈现传统文化与动漫的结合。观众可以通过参观展览，近距离接触作品和艺术家，了解传统文化与动漫的创作过程和思考，进一步加深对传统文化的认识和理解。

在活动合作中，互动性和参与性也起着重要的作用。观众可以通过与传统文化相关的活动参与，亲身体验传统文化的魅力。例如，他们可以参与传统文化工艺品的制作、传统舞蹈的学习、传统节日的庆祝等，通过实际参与和亲身体验，更好地感受传统文化的价值和内涵。

总之，中国动漫与传统文化的活动合作为传统文化的传承和发展提供了新的途径和平台。通过与传统文化相关的机构、学者和专家的交流与合作，动漫作品在呈现传统文化时更加准确和深入。活动合作的形式也丰富了传统文化的呈现方式，使观众能够通过不同的活动形式和参与方式更好地了解和体验传统文化的魅力。这种合作关系的建立和发展将进一步推动传统文化的传承和发展，为传统文化注入新的活力和创意。

思考题

1. 中国动漫如何通过展示传统文化的故事情节、人物形象和艺术风格，为观众传递深厚的历史文化内涵？请举例说明。

2. 传统文化与现代创新在中国动漫作品中是如何相互融合的？这种融合对于传统文化的传承和发展有何影响？

3. 通过与传统文化相关的活动和推广，中国动漫作品如何加强对传统文化的传承？请举例说明动漫作品与传统文化活动合作的具体形式和效果。

4. 动漫作品与传统文化机构、学者和专家的交流与合作对于动漫作品的创作和传统文化的推广有何重要意义？这种合作对于观众的文化体验和认知有何影响？

5. 在国际范围内，中国动漫与传统文化的活动合作如何推动传统文化的国际传播和交流？请说明这种合作对于传统文化的国际影响和认知的重要性。

请注意，这些思考题旨在促使你思考和讨论东亚动漫文化的相关议题，你可以根据自己的知识和观点进行回答和探讨。

第三章　东亚音乐文化解析

第一节　东亚音乐文化区概况

东亚音乐文化区是指东亚地区包括中国、日本、韩国和其他周边国家的音乐文化环境和艺术创作。这一区域拥有悠久的音乐历史和丰富多样的音乐传统，涵盖了各种不同风格和流派的音乐形式。

一、中国音乐文化的发展概述

中国音乐文化源远流长，是世界上最古老、最丰富的音乐文化之一。中国传统音乐可以追溯到几千年前的古代时期，经历了漫长的发展和演变，形成了独特的音乐体系和艺术风格。中国音乐文化经历了漫长的发展和演变，形成了丰富多样的音乐传统和独特的艺术表达方式。

（一）古代音乐

中国古代音乐的历史可以追溯到几千年前的商、周时期。古代音乐在中国的社会生活中占据着重要的地位，它是一种综合性的艺术形式，融合了音乐、舞蹈、诗歌、礼仪等多种元素。中国古代音乐的发展与宫廷文化、信仰和社会礼仪等紧密相连。

在古代中国，宫廷音乐是一种重要的音乐形式，主要由皇室和贵族阶层使用。宫廷音乐常用于庆典、宴会、祭祀和重要仪式等场合，旨在展示统治者的威严和尊贵。宫廷音乐通常由乐队演奏，乐队成员包括吹奏乐器、弹拨乐器、弦乐器和打击乐器。宫廷音乐以其庄严、典雅的风格而著称，它的演奏方式讲究礼仪和规范，音乐表达的主题多涉及祝福、吉祥和礼仪等方面。

信仰音乐在古代中国也占据了重要的地位。中国古代有多种信仰，包括儒教、道教、佛教等，每种信仰都有其特定的音乐形式和仪式。信仰音乐常用于祭祀、法会和信仰仪式等场合，其目的是表达对神灵的崇敬和敬畏。信仰音乐的形式多样，包括唱诵经文、吟唱偈语、奏乐和舞蹈等。

除了宫廷音乐和信仰音乐，中国古代还有民间音乐和戏曲音乐等形式。民间音乐是广大人民群众的音乐表达形式，通常以歌唱和乐器伴奏为主，它反映了人们的生活、情感和社会现象。戏曲音乐则是中国传统戏剧的音乐伴奏，它与舞台表演相结合，通过音乐的节奏、旋律和声音效果来表达角色的情感、剧情的发展和场景的转换。

中国古代音乐的发展是一个持续演进的过程，随着历史的变迁和社会的发展，音乐形式和风格也发生了变化。在不同的时期和地区，音乐呈现出多样性和地域特色。例如，唐代（618—907 年）是中国古代音乐发展的黄金时期，当时的音乐具有充满豪放和浪漫主义色彩的特点，如丝绸之路的影响使中亚和西域的音乐风格与中国音乐相互交流，创造出丰富多彩的音乐形式。

总的来说，中国古代音乐是中国文化的重要组成部分，通过宫廷音乐、音乐、民间音乐和戏曲音乐等形式，传承了千年的音乐智慧和审美观念。它不仅是人们日常生活和社会仪式的一部分，也是中国传统文化的重要载体，展示了中国人民的情感、思想和审美追求。中国古代音乐的独特之处在于其深厚的历史底蕴、独特的音律体系、丰富的表达方式和强烈的文化内涵，为后世音乐的发展和创新奠定了坚实的基础。

（二）戏曲音乐

中国戏曲音乐是中国传统戏剧的重要组成部分，具有悠久的历史和独特的艺术风格。戏曲音乐的起源可以追溯到古代的祭祀音乐和宫廷音乐，随着时间的推移，它逐渐发展成一种独立的艺术形式，并成为中国文化的重要表达方式之一。

戏曲音乐主要以唱腔为基础，唱腔是演员通过特定的音乐形式来表达剧中人物的情感和角色的性格。不同的戏曲剧种有着不同的唱腔系统，如京剧的宫调、豫剧的汴调、粤剧的南音等。每种唱腔都有其独特的音调、音色和表达方式，通过声乐技巧和音乐元素的运用，演员能够准确地传达人物的情感和剧情的发展。

除了唱腔，戏曲音乐还包括乐器伴奏和舞蹈等元素。乐器在戏曲音乐中扮演着重要的角色，常见的乐器有琵琶、二胡、笛子、板鼓等。这些乐器与唱腔相互配合，创造出丰富多样的音乐效果，增强了戏曲表演的艺术感染力。舞蹈在戏曲中也是必不可少的一部分，舞蹈动作的优美和舞姿的优雅，为戏曲音乐增添了视觉上的享受和艺术魅力。

不同地区的戏曲音乐具有各自的特色和风格。京剧是中国最具代表性的戏曲剧种之一，它以严谨的唱腔、精妙的表演技巧和华丽的舞台布景闻名于世。豫剧是中国北方的一种戏曲剧种，以其激情四溢、豪放大气的唱腔和表演风格而受到广泛喜爱。粤剧是中国南方的一种戏曲剧种，以其婉约、柔美的唱腔和细腻的表演技巧而著称。评剧是中国东北地区的一种戏曲剧种，以其幽默诙谐的唱腔和表演风格受到观众的喜爱。

中国戏曲音乐不仅在国内得到广泛传承和演出，也在国际舞台上展示了其独特的魅力。戏曲音乐的精彩演出吸引了许多国际观众的关注和欣赏，戏曲艺术团体经常在国际音乐节、文化交流活动和演出巡回中亮相。这种文化交流和对外演出促进了中国戏曲音乐的传播和影响力的扩大，让更多的人了解和欣赏中国传统戏曲的独特之处。

为了传承和发展中国戏曲音乐，中国政府和各级文化机构也积极采取措施。建立了许多专门的戏曲学校和培训机构，为年轻的戏曲音乐人才提供培训和教育。同时，加强对传统戏曲音乐的保护和研究，收集和整理珍贵的音乐资料和乐谱，推动戏曲音乐的创新和传承。

总的来说，中国戏曲音乐是中国文化的重要组成部分，它通过唱腔、乐器伴奏和舞蹈等多个元素的综合运用，以独特的艺术形式和表现方式展现了中国传统文化的丰富内涵和艺术魅力。它不仅在国内广受欢迎，也在国际舞台上展现了中国音乐的独特魅力和影响力。通过传承和创新，中国戏曲音乐将继续发展壮大，为世界带来更多精彩的音乐艺术体验。

（三）民间音乐

中国民间音乐是中国音乐文化中丰富多样的组成部分，它源远流长，承载着丰富的历史、文化和地域特色。民间音乐通常由普通民众演唱和演奏，传承于民间，代代相传，是中国人民生活和社会文化的重要表达方式之一。

中国民间音乐的形式多种多样，其中最常见的是民歌。民歌是中国各个地区民众创作和演唱的歌曲，以其朴实、真挚的情感表达而闻名。不同地区的民歌风格各异，歌词内容涉及生活、工作、爱情、家庭等方方面面，反映了人们的生活感受和情感体验。民歌通常用简单易懂的语言和旋律，贴近人民群众的生活，深受人们的喜爱和传唱。

此外，民间舞曲也是中国民间音乐的重要组成部分。民间舞曲通过舞蹈的形式来表达音乐的旋律和节奏，具有欢快、活泼的特点。不同地区的民间舞曲有着独特的舞步和舞姿，它们常常伴随着特定的节日庆典、婚礼、丰收等场合，成为人们欢庆和共享喜悦的重要组成部分。民间舞曲的表演不仅展示了人们的舞蹈技巧，更传递了他们对生活的热爱和对美好未来的期盼。

此外，中国民间音乐还包括民间器乐，它以各种乐器的演奏为主体。民间器乐的种类繁多，常见的有二胡、笛子、琵琶、扬琴、唢呐等。这些乐器以其独特的音色和演奏技巧，营造出独特的音乐氛围和情感表达。民间器乐常常与民间舞曲、民歌相结合，形成独特的民间音乐表演形式，成为丰富多彩的艺术形式。

中国民间音乐在历史的长河中不断演变和发展，它以其朴实、自然的风格和真挚的情感表达，一直深受人们的喜爱和传承。它不仅反映了中国人民的生活方式，还体现了他们对自然、家庭、社区和祖国的热爱和情感认同。中国民间音乐在不同地区和民族之间有着丰富多样的特点和风格，呈现多元而富有魅力的音乐景观。

中国的民间音乐传承方式多样，其中口头传统是最重要的传承方式之一。通过口头传统，音乐知识、技巧和曲目得以代代相传，保持了音乐的连续性和传统性。此外，一些地区还保留着民间音乐团体和社区集体演出的传统形式，人们通过集体的演奏和表演活动来传承和发展民间音乐。近年来，一些文化保护和传承项目的开展也为民间音乐的传承提供了重要支持，促进了音乐传统的保护和创新。

中国民间音乐的发展和传承也得到了广泛的关注和研究。许多音乐学家、艺术家和文化学者致力于对民间音乐进行研究和记录，以推动其保护、传承和发展。同时，国内外的音乐交流和合作也为中国民间音乐的推广和国际交流提供了机会，使更多人了解和欣赏中国民间音乐的独特魅力。

总之，中国民间音乐作为中国音乐文化的重要组成部分，以其朴实、自然的风格、真挚的情感表达和丰富多样的形式，展示了中国人民的生活智慧、情感世界和文化传统。它在传统与现代、本土与国际的交融中不断发展和创新，为世界音乐文化的多元性和丰富性做出了重要贡献。

（四）乐器演奏

中国传统音乐中的乐器演奏是其独特魅力的重要组成部分。乐器的种类繁多，每种乐器都有其独特的音色、演奏技巧和表达方式，为音乐赋予了多样性和丰富性。

古琴是中国传统音乐中最具代表性的乐器之一。它是世界上历史最悠久的弹拨乐器之一，被誉为中国文化的象征之一。古琴具有幽深、悠远的音色，弹奏时需要细腻的技巧和高超的表现力。古琴曲以其深邃的情感、细腻的音韵和独特的意境而闻名，常用于表达人们对自然、人生和情感的思考和感悟。

古筝是中国传统音乐中的另一种重要乐器，也是世界上最古老的弹拨乐器之一。它具有独特的音色和丰富的音域，演奏时需要使用指甲和指尖来弹奏琴弦，表现出悠扬的音乐旋律和动人的情感。古筝在中国音乐中常用于独奏、伴奏和合奏，能够表达出丰富的音乐情感和意境。

笛子是中国传统音乐中最古老的吹管乐器之一，也是最具代表性的民间乐器之一。它以其悠扬、明亮的音色和灵活多变的演奏技巧而受到广泛喜爱。笛子有不同的种类和音域，常用于独奏、合奏和伴奏，能够表达出各种情感和音乐风格。

二胡是中国传统音乐中的拉弦乐器之一，也是中国最具代表性的民间乐器之一。它以其悠扬、婉转的音色和情感表达而闻名。二胡演奏需要使用琴弓拉弦，通过指法和技巧来表达出丰富的音乐情感。二胡常用于独奏、合奏和伴奏，能够表达出深情、激情和豪放的音乐风格。

除了上述乐器，中国传统音乐中还有很多其他的乐器，如琵琶、扬琴、唢呐、鼓等。每种乐器都有其独特的音色和演奏风格，它们的融合和互补使中国传统音乐具有丰富多样的表现力和艺术魅力。

琵琶是中国古代最重要的拨弦乐器之一，外形独特，音色宽广。它可以进行独奏、伴奏和合奏，常被用于演绎古典音乐、民间音乐和戏曲音乐。琵琶的演奏技巧包括指法、颤音、滑音等，能够表现出琵琶独特的音色和音乐情感。

扬琴是中国民间音乐中常见的弹拨乐器之一，以其清脆悦耳的音色和明快的节奏而受到喜爱。它具有独特的演奏方式，演奏者用指甲弹拨琴弦，通过左手按弦、右手弹奏的技巧来表达音乐的旋律和节奏。扬琴常用于民间音乐演奏、歌唱伴奏和合奏等场合。

唢呐是中国民间音乐中常见的管乐器之一，外形呈弯曲状，由多个管身组成。唢呐具有洪亮、豪放的音色和独特的演奏风格，常用于庆典、婚礼、丧葬等场合。演奏者需要掌握特定的吹奏技巧，包括吹气力度、舌位控制、音准调节等，能够表现出唢呐独特的音乐风格和情感表达。

鼓是中国传统音乐中的打击乐器之一，种类繁多，包括大鼓、小鼓、梆子鼓、锣鼓等。鼓在中国音乐中起到重要的作用，能够提供丰富的音乐节奏和韵律感。演奏者需要掌握节奏的准确性和力度的控制，能够带动整个音乐的节奏和氛围。

乐器演奏在中国音乐文化中具有重要的地位，它是音乐表达和传承的重要方式。乐器演奏不仅需要技巧和才华，更需要演奏者对音乐的理解和情感的表达。通过乐器演奏，人们能够体验到音乐的美妙和表达情感的力量，同时促进了音乐的传承和发展。

在中国的音乐教育中，乐器演奏扮演着重要的角色。许多学校和音乐学院设有专门的乐器演奏课程，培养学生对乐器的技巧和理解。学生们通过学习乐器演奏，不仅能够掌握乐器的技术和演奏技巧，还能够理解音乐的内涵和表达方式，培养音乐的审美能力和情感表达能力。

乐器演奏也是音乐团体和乐队演出的重要组成部分。在中国的音乐表演中，乐器演奏者常常与歌手、舞者、演员等共同演出，共同呈现丰富多彩的音乐表演。乐器演奏者的技艺和演奏风格对整个表演的效果和氛围起着至关重要的作用，他们通过演奏乐器，为观众呈现出精彩纷呈的音乐画面。

乐器演奏不仅在中国传统音乐中有着重要地位，也在当代流行音乐和跨文化音乐中起到重要作用。在现代流行音乐中，乐器演奏常常与流行歌手和乐队合作，为音乐增添了丰富的音色和层次。同时，跨文化音乐交流促进了不同地区乐器演奏风格的融合和创新，使乐器演奏在国际音乐舞台上得到更广泛的认可和欣赏。

（五）流行音乐

近年来，中国流行音乐经历了快速的发展和壮大，成为中国音乐文化中的重要组成部分。中国流行音乐的多样性和创新性为年青一代提供了更多选择和表达自我的机会，同时吸引了国内外观众的关注和喜爱。

在中国流行音乐中，流行歌曲是最主流的音乐形式之一。流行歌曲以其通俗易懂的曲调、抓耳的旋律和富有共鸣的歌词而受到广大听众的喜爱。流行歌手通过歌曲表达自己的情感、体验和观点，与年轻人建立情感共鸣。中国流行歌手以其独特的音乐风格和个人魅力成了流行音乐的代表性人物，他们的音乐作品不仅在中国广受欢迎，也在国际舞台上获得了认可。

另外，中国流行音乐中的摇滚乐也占据着重要的地位。摇滚乐作为一种反叛和表达个性的音乐形式，深受年轻人的喜爱。中国的摇滚乐队如唐朝乐队、黑豹乐队、苏阳乐队等通过自己独特的音乐风格和深刻的歌词表达了年轻人对社会现实和个人命运的思考和抗争。这些乐队的音乐作品和演出活动为中国的摇滚乐坛带来了一股新的活力和创新。

嘻哈音乐也在中国流行音乐中崭露头角。嘻哈音乐作为一种充满个人表达和社会批判的音乐形式，受到了年青一代的热衷。中国的嘻哈音乐人以其独特的说唱风格和文字功底，通过歌曲表达自己的生活经历、社会观点和文化认同，引起了广泛的讨论和关注。

中国流行音乐的发展得益于信息技术的快速发展和互联网的普及。互联网平台如网易云音乐、QQ 音乐、酷狗音乐等为音乐人提供了更广阔的展示平台，使更多优秀的音乐作品能得到推广和传播。这些平台不仅提供了音乐的在线播放和下载服务，还推出了各种音乐榜单、推荐和分享功能，帮助用户发现和推广新的音乐作品。通过互联网平台，音乐人能够更直接地与听众互动，建立粉丝基础，发布新歌和音乐视频，并举办线上音乐演唱会和活动，进一步拓宽了流行音乐的影响力和市场范围。

另外，中国流行音乐的国际化发展也是一个重要趋势。中国流行歌手和乐团通过参与国际音乐节、签约国际音乐厂牌、与外国音乐人合作等方式，将中国音乐带到了全球舞台上。一些中国歌手在海外取得了一定的知名度和粉丝基础，他们的音乐作品在国际市场上也获得了认可和关注。此外，中国流行音乐也积极吸纳和融合国际音乐风格和元素，通过与外国音乐人的合作和交流，丰富了中国流行音乐的创作和表达方式。

中国流行音乐的发展得益于社会的开放和年青一代的追求个性和自我表达的需求。年轻人通过音乐来表达自己的情感、观点和价值观，通过音乐与他人建立情感共鸣和连接。流行音乐成为年轻人生活中不可或缺的一部分，它不仅娱乐人们，也对社会产生着影响和引领作用。

总的来说，中国流行音乐的发展经历了多个阶段，从早期的政治歌曲和革命歌曲到改革开放时期的摇滚乐和现代多元化的音乐风格，再到近年来的多样性和国际化发展。中国流行音乐通过多样的音乐形式和创作风格，满足了不同人群的音乐需求，展现了中国音乐文化的丰富多彩和时代变迁的面貌。

二、日本音乐文化的发展概述

日本音乐文化融合了传统和现代元素，形成了独特的音乐风格。传统音乐形式如雅乐、能乐和民间音乐，受到日本文化的深刻影响。传统乐器如三味线、尺八和大鼓在日本音乐中扮演重要的角色。同时，日本流行音乐备受关注，包括日本流行偶像团体、流行歌手和摇滚乐队等。日本音乐文化的发展可以追溯到古代时期，经历了不断的演变和融合，形成了丰富多样的音乐风格。

（一）古代音乐

日本音乐文化的发展经历了多个阶段，其中古代音乐是其重要的起源之一。古代日本音乐受到中国和朝鲜的影响，特别是在雅乐、舞乐和宫廷音乐方面。

雅乐是古代日本宫廷音乐的重要形式，源于中国古代的雅乐。在古代日本，雅乐被视为尊贵和华丽的音乐形式，它由乐队演奏，包括乐器如筝、琵琶、笛子等。雅乐常常用于宫廷的庆典、宴会和仪式等场合，以表达统治者的威严和尊贵，以及祈祷神灵保佑的愿望。雅乐的演奏方式非常庄重，音乐结构严谨，演奏者需要经过长时间的训练才能掌握其技巧和艺术性。

舞乐是古代日本音乐与舞蹈的结合形式，也是宫廷和寺庙仪式中的重要表现形式。舞乐通过舞蹈的动作和音乐的旋律来传达情感和表达故事情节。舞乐的表演通常由舞者、乐师和歌手组成，舞者以精湛的舞蹈技巧展现故事情节，乐师则通过演奏乐器为舞蹈提供音乐伴奏，歌手用歌唱表达情感和故事情节。舞乐是日本传统戏剧发展的重要基础，在古代日本的宫廷和寺庙中扮演着重要的角色。

除了雅乐和舞乐，古代日本还有宫廷音乐和民间音乐等形式。宫廷音乐在古代日本的宫廷和贵族阶层中非常流行，它常常以吹奏乐器和弹拨乐器为主，展现了宫廷生活的优雅和尊贵。民间音乐是广大民众创作和演奏的音乐形式，它反映了普通人的生活、工作和情感。民间音乐的形式多样，包括民歌、舞曲和器乐等，每个地区都有自己的民间音乐特色和风格。

古代日本音乐的发展还受到朝鲜半岛音乐文化的影响。自7世纪朝鲜半岛的音乐文化传入日本以来，朝鲜音乐的元素逐渐融入了日本音乐中，丰富了其音乐风格和表现形式。朝鲜音乐以其独特的节奏和旋律为特点，有助于丰富日本古代音乐的多样性。

在日本的古代音乐中，还存在着一种特殊的音乐形式，即神道音乐。神道音乐是仪式中的音乐表达形式，用于祭祀神灵和祈求丰收、平安等祝福。神道音乐通常由神主（负责祭祀的神职人员）和乐师共同演奏，乐器包括笛子、鼓和弦乐器等。神道音乐通过其庄严的音乐和独特的演奏方式，使人们感受到神圣和神秘的氛围。

古代日本音乐的发展与日本社会的信仰、宫廷文化和民间传统等密不可分。它不仅在宫廷和仪式中扮演重要的角色，也在民间生活和文化中扎根。古代日本音乐的特点是典雅、庄重，注重礼仪和规范，同时融入了中国和朝鲜音乐的元素，形成了独特的音乐风格。这些音乐形式和表达方式，不仅展示了古代日本人民的审美追求和文化智慧，也为后来的日本音乐发展奠定了基础。

（二）民间音乐

日本的民间音乐是一种丰富多样的音乐形式，它源远流长，承载着日本人民的生活、情感和文化传统。民间音乐以其朴实、真挚的风格和简单易懂的旋律而受到广大民众的喜爱和传承。

日本的民间音乐包括各种地方民歌和民间舞曲。地方民歌是由不同地区的人们创作和演唱的歌曲，通常用当地方言演唱，歌词内容涉及生活、自然、爱情、家庭等丰富的主题。地方民歌以其朴素自然的旋律和真实感人的歌词，表达了人们对生活的感悟和情感的寄托。每个地区都有其独特的民歌风格和表达方式，反映了当地的地域特色和文化传统。

民间舞曲是另一种重要的民间音乐形式。它结合了舞蹈和音乐，通过舞蹈的形式来表达音乐的旋律和节奏。不同地区的民间舞曲有着独特的舞步和舞姿，常常伴随特定的节日庆典、婚礼、丰收等场合进行演出。民间舞曲的表演形式多样，有些是群舞，有些是独舞，通过舞蹈动作的优美和舞姿的优雅，传递了人们对生活的热爱和对美好未来的期盼。

此外，日本的民间音乐还包括民间器乐。民间器乐常常由各种传统乐器演奏，如筝、琴、笛子、鼓等。这些乐器以其独特的音色和演奏技巧，营造出独特的音乐氛围和情感表达。民间器乐常常与民歌和舞曲相结合，形成独特的音乐表演形式，丰富了民间音乐的艺术内涵和表现手法。

日本的民间音乐是人们日常生活中不可或缺的一部分，它以其朴实、真实的音乐语言，表达了人们对生活、自然和情感的理解和追求。通过民间音乐的传承和演奏，日本人民保留了丰富的文化传统，并传承给后代。这种音乐形式不仅是日本人民生活的一部分，也是日本文化的重要组成部分。民间音乐通过代代相传，不断演变和发展，既保留了古老的传统，又与现代音乐相融合，展现了日本音乐的多样性和独特性。

日本民间音乐的发展离不开各地的音乐团体和社区的努力。许多地方都有自己的民间音乐团体，如民乐团、合唱团等，他们通过组织演出、音乐活动和传统节日等形式，将民间音乐传播给更多的人。此外，一些专门的音乐学校和学院也致力于传承和培养日本民间音乐的人才，他们提供专业的培训和教育，使年青一代有机会学习和继承这一宝贵的音乐传统。

受现代化和全球化的影响，日本的民间音乐也在不断变革和创新。一些音乐人和艺术家将传统的民间音乐与现代元素相结合，创作出新颖、独特的作品。他们运用现代音乐技术和制作手法，将传统音乐与流行、摇滚、电子等风格融合，创造出全新的音乐体验。这种创新努力使日本民间音乐能够更好地适应现代社会的需求，并吸引更广泛的听众。

总的来说，日本的民间音乐是一种丰富多样、独具特色的音乐形式，它承载着日本人民的生活、情感和文化传统。通过世代相传和不断创新，日本的民间音乐在当代社会中继续发展和演进，并为人们带来欢乐、慰藉和文化交流的机会。它不仅是日本文化的重要组成部分，也是世界音乐宝库中的瑰宝，值得被广泛传播和欣赏。

（三）戏曲音乐

日本戏曲音乐是日本传统戏剧的重要组成部分，具有悠久的历史和独特的艺术风格。不同的戏曲形式在音乐表达上有所区别，但都以声乐和乐器伴奏相结合的方式，通过特定的音乐形式来表达剧中人物的情感和故事情节的发展。

歌舞伎是一种重要的戏曲形式，它是日本传统戏剧的代表之一。歌舞伎音乐融合了声乐、舞蹈和音乐伴奏，通过特定的唱腔和舞蹈动作来表达戏剧中人物的情感和故事情节的发展。歌舞伎音乐以其独特的旋律和节奏，配合精妙的舞蹈和表演技巧，营造出独特的舞台效果。乐器的演奏包括三味线、琴、鼓等，它们与声乐和舞蹈相互呼应，共同创造出富有张力和戏剧性的音乐氛围。

人形剧是日本传统娱乐形式之一，以其独特的木偶表演和音乐伴奏而著名。人形剧音乐注重乐器的演奏和声乐的配合，通过特定的唱腔和乐器伴奏来表达人物的情感和故事情节的发展。乐器的种类包括三味线、筝、鼓等，它们通过精湛的演奏技巧，为木偶表演增添了戏剧性和艺术性。

戏曲音乐在日本音乐文化中扮演着重要的角色，不仅为戏剧表演提供了声乐和音乐的支持，也成了传承和表达日本传统文化的重要载体。戏曲音乐的演唱和演奏技巧经过长期的传承和发展，形成了独特的艺术风格和表达方式，同时受到了不同地区和时期的影响，形成了多样化的戏曲形式。

通过戏曲音乐的表演，观众可以感受到人物的情感、故事的发展以及历史和传统文化的魅力。戏曲音乐不仅在舞台上展现了音乐的魅力，也通过其深刻的人物塑造和故事情节的演绎，引发观众的情感共鸣和思考。

在现代，戏曲音乐在日本仍然保持着一定的影响力，不仅在传统的戏曲表演中得到广泛应用，也在其他艺术形式中起到着重要的作用。戏曲音乐的元素和风格也被引入现代音乐创作中，与其他音乐流派相融合，创造出新的音乐风格和表现形式。

总之，戏曲音乐作为日本音乐文化的重要组成部分，通过其独特的音乐表达方式和艺术特色，丰富了日本音乐的多样性和传统文化的传承。戏曲音乐不仅是一种娱乐形式，更是一种承载着历史、文化和情感的艺术形式，为观众带来了音乐和艺术的享受。

（四）流行音乐

流行音乐于 20 世纪初引入日本，从那时起就成为日本音乐文化中不可或缺的一部分。日本流行音乐涵盖了广泛的音乐流派，包括流行歌曲、摇滚乐、流行偶像音乐、嘻哈音乐等。日本流行音乐产业发达，涌现出许多受欢迎的歌手、乐团和音乐制作人。

（五）传统与现代的融合

日本音乐文化在传统与现代之间展现了独特的融合和创新。许多音乐家和乐团通过将传统乐器和演奏技巧与现代音乐风格相结合，创作出新颖而富有个性的作品。这种融合既保留了传统音乐的独特魅力，又注入了现代时尚和流行元素，深受年青观众的欢迎。

（六）日本动漫音乐

日本动漫产业在音乐方面也具有重要影响力。动漫作品常常配以精美而动感的音乐，包括开场曲、片尾曲和角色歌等。许多日本动漫的原声音乐和主题曲在国内外都受到广泛的欢迎和认可，成为动漫文化的重要组成部分。

（七）音乐教育与传承

日本注重音乐教育，许多学校和机构提供专业的音乐培训和教育课程。通过音乐教育，年青一代得以学习和传承日本音乐的传统和技巧。同时，音乐团体和表演艺术机构也致力于传播和推广日本音乐文化，举办音乐会和表演活动，让更多的人能够欣赏和了解日本音乐的魅力。

总体而言，日本音乐文化在传统与现代、民间与流行之间展现出多样性和独特性。它融合了古老的传统元素和现代的创新风格，不断演变和发展，为日本乃至全球的音乐界带来了丰富而多彩的艺术体验。

三、韩国音乐文化的发展概述

韩国音乐文化以其独特的艺术表现形式和声音特色而闻名。传统音乐如传统舞蹈和传统器乐在韩国音乐中占据了重要地位。传统乐器如箫、大鼓和扬琴在韩国传统音乐中常被使用。此外，韩国流行音乐（K-pop）在全球范围内享有巨大的影响力，韩国艺人和乐团在国际舞台上取得了巨大的成功。韩国音乐文化在过去几十年中经历了快速而显著的发展，逐渐走向国际舞台，并受到全球观众的关注和喜爱。

（一）传统音乐的传承

韩国传统音乐具有悠久的历史和丰富的传统。传统音乐形式包括雅乐、民间音乐和信仰音乐等，它们承载着韩国独特的文化和民族精神。传统乐器如箫、琴、筝和鼓等在韩国音乐中扮演着重要的角色。韩国一直致力于传承和保护传统音乐，许多音乐学院和文化机构都在努力培养新一代的传统音乐人才。

（二）流行音乐的崛起

韩国流行音乐，尤其是韩国流行歌曲（K-pop），在全球范围内取得了巨大的成功和影响力。K-pop以其精美的舞蹈、多样化的音乐风格和富有创意的音乐视频而闻名。韩国流行音乐产业在经济和文化方面都发挥了重要作用，不仅为韩国经济带来了巨大的收益，也为韩国文化的传播和交流做出了贡献。

（三）全球化与跨文化交流

韩国音乐文化在全球范围内得到了广泛的认可和喜爱。韩国艺人和乐团频繁参与国际音乐节和演出，与世界各地的音乐人进行交流和合作。通过跨国合作和多元化的音乐风格，韩国音乐在国际舞台上展现出独特的魅力和创新力。

（四）数字化和社交媒体的影响

随着数字化时代的来临，韩国音乐在社交媒体平台上蓬勃发展。韩国音乐公司积极利用社交媒体来推广和宣传音乐作品，通过粉丝互动和在线音乐流媒体平台的兴起，韩国音乐得以更广泛地传播和推广，吸引了全球粉丝的关注和支持。

（五）音乐教育和培养人才

韩国对音乐教育的重视程度也促进了音乐文化的发展。许多音乐学院和音乐学校致力于培养优秀的音乐人才，提供专业的音乐教育和培训。韩国的音乐教育注重培养学生的音乐技能、表演能力和创造力，培养出许多杰出的音乐人才，不仅在韩国国内取得了成功，也在国际舞台上展现了才华。

（六）音乐产业的发展

随着韩国音乐的全球影响力不断扩大，韩国音乐产业也迅速发展。音乐公司、制作人和经纪人在韩国音乐市场的发展中起到关键作用，他们发掘和培养新人才，推动音乐作品的创作和推广。韩国的音乐产业不仅包括唱片销售、音乐制作和演唱会等方面，还涉及相关产业如音乐视频制作、品牌代言等，形成了一个庞大的产业链。

总体而言，韩国音乐文化的发展经历了多个阶段，从传统音乐的传承到现代流行音乐的崛起，韩国音乐在国际舞台上展现了独特的魅力和创新力。音乐的全球化和数字化也为韩国音乐文化带来了新的机遇和挑战，同时促进了韩国文化的传播和跨文化交流。韩国音乐产业的发展和音乐教育的不断进步，为韩国音乐文化的持续繁荣奠定了基础。

四、跨界与国际交流

跨界合作和国际交流在东亚音乐文化区内取得了显著的成就，为音乐创作和文化交流提供了丰富的平台和机会。艺术家和音乐团体之间的跨界合作已成为常见现象，不同国家的音乐人通过合作创作出了许多令人瞩目的作品，丰富了东亚音乐的多样性和创新性。

一方面，跨界合作促进了东亚音乐的融合和创新。艺术家和音乐团体从不同的音乐传统和文化背景中汲取灵感，融合各自的音乐元素和风格，创造出独特而具有突破性的音乐作品。这种跨界合作不仅拓宽了音乐的创作领域，还为观众带来了全新的音乐体验和审美享受。

另一方面，东亚音乐文化通过国际交流和合作活动向世界展示了其独特的魅力和艺术价值。国际音乐节、演出和音乐展览成了音乐文化交流的重要平台，吸引了来自世界各地的观众和艺术家。通过参与这些活动，东亚音乐文化得以在全球范围内推广，增进了各国音乐人之间的相互了解和合作。

跨文化交流和国际合作为东亚音乐文化带来了更广阔的发展空间。它们促进了不同文化之间的互通互鉴，让音乐从一种单一的地方特色发展为更具全球影响力的艺术形式。东亚音乐文化区的艺术家和音乐团体通过与国际合作伙伴的交流，吸收其他文化的精华，丰富了自己的音乐创作和表演风格。

此外，数字技术和互联网的发展也为跨界合作和国际交流提供了便利。音乐的全球化和数字化使音乐创作、演出和传播更加便捷和高效，加速了东亚音乐文化与世界其他地区的互动和交流。

总的来说，跨界合作和国际交流在东亚音乐文化区内扮演着重要角色。它们促进了音乐的融合与创新，丰富了东亚音乐的多样性和创造力。通过艺术家和音乐团体之间的跨界合作，不同音乐传统和文化背景的交汇融合，创造出了许多独特而引人瞩目的作品。这些合作作品不仅拓宽了音乐的创作领域，还为观众带来了新的音乐体验和感受。

第二节　东亚音乐文化的特征

国家的音乐大多受到古代中国音乐的影响，因此大多数是十二律的五声调式。然而，随着文化的交流与发展，各国的音乐相互影响，形成了很多独特的风情。下面介绍除中国外，各国音乐的特征。

一、日本音乐文化的特征

日本音乐又称"邦乐"，既可统称日本音乐，又可特指日本的传统音乐。无论是音乐题材还是种类都相当繁多，大体上可以分为声乐和器乐两类，乐器虽然占有重要地位，但声乐的题材和作品明显更多。从整体来看，日本音乐是以五声音阶为主，只有 C、E、F、A、B 五个音作为主要音级来构成音阶，节奏也多以二、四等偶数拍为主，很少使用单拍子节奏。从这一点来看，日本音乐与中国音乐有许多相似之处。

（一）多样的音乐题材

日本音乐文化以其多样的音乐题材而闻名。这些音乐题材涵盖了丰富的艺术表达和不同的音乐体验，使日本音乐文化具有独特的魅力和多元性。

首先，古典音乐是日本音乐的重要组成部分。日本传统古典音乐包括雅乐、能乐和筝曲等，这些音乐形式深受宫廷和贵族的喜爱。雅乐是宫廷音乐的代表，它以庄严、典雅的音调和华丽的乐器编制为特点，体现了古代日本社会的尊贵和华贵。能乐则是一种戏剧性的音乐形式，以高亢激昂的唱腔和独特的乐器伴奏为特点，通过声乐和表演的结合，表达剧中人物的情感和故事情节的发展。筝曲则是以传统的筝乐器为主导，展现了独特的音色和演奏技巧。

其次，传统民间音乐也是日本音乐的重要组成部分。这些音乐形式源于日本各地的民间传统和民俗习惯。每个地区都有自己独特的民间音乐表达方式，如琉球音乐、三味线音乐、民间舞曲等。这些音乐形式通常具有朴实、自然的风格，以歌颂生活、表达情感和传承民间文化为主题，反映了日本人民的智慧和情感世界。

此外，日本流行音乐也备受关注。流行音乐在日本社会中扮演着重要的角色，涵盖了各种音乐流派，包括流行歌曲、摇滚乐、嘻哈音乐等。日本流行音乐产业非常发达，许多日本流行歌手和乐团在国内外都取得了巨大的成功。他们的音乐作品和演唱风格充满了创新和多样性，深受年轻人的喜爱和追捧。

最后，电子音乐在日本有着广泛的影响。日本电子音乐包括各种电子舞曲、合成器音乐和实验音乐等。电子音乐通过运用电子乐器和电子音效，创造出独特的声音和节调。日本在电子音乐领域具有丰富的创新和实验精神，许多日本音乐制作人和 DJ 以其独特的声音和创意在国际舞台上备受瞩目。

除了上述的音乐题材，日本音乐还受到其他文化的影响，如摇滚乐、爵士乐和古典西洋音乐等。许多日本音乐人在跨界合作中融入了这些元素，创造出了与众不同的音乐风格和声音。

此外，日本音乐还在不断与其他国家的音乐文化进行交流和融合。通过国际音乐节、演出和音乐展览等活动，日本音乐文化与世界各地的音乐文化进行互动和碰撞，促进了跨文化的交流和艺术合作。日本音乐人也积极参与国际舞台，向世界展示日本音乐的独特之处和艺术价值。

总体而言，日本音乐的特征在于其多样性和丰富性。无论是传统音乐、民间音乐、流行音乐还是电子音乐，都展现了独特的艺术表达和音乐风格。这种多元性不仅丰富了日本音乐文化本身，也为国际音乐舞台注入了新的活力和创意。日本音乐的发展和影响力在全球范围内日益增强，成为世界音乐文化的重要组成部分之一。

（二）声乐和器乐的结合

日本音乐文化以声乐和器乐的结合为特征，这种独特的组合为音乐创作提供了丰富的表现手段。声乐在日本音乐中占据重要地位，表达了真实的情感，传递了故事情节。日本传统音乐中的声乐形式包括雅乐、能乐、民间歌曲等，每种形式都有其独特的唱腔和表演方式。

一种重要的声乐形式是雅乐，它是日本宫廷音乐的代表。雅乐的演唱方式注重声音的准确性和咬字的清晰度，以及对音乐节奏和情感的把握。雅乐的演唱者通常通过长期的训练和精湛的技艺，传承和演绎这一古老而高雅的音乐形式。

另一种声乐形式是能乐，它是日本传统戏剧形式之一。能乐的演唱方式独特而富有表现力，演唱者通过特殊的嗓音技巧和唱腔，将角色的情感和故事的发展生动地呈现出来。能乐的演唱往往与舞蹈和器乐伴奏相结合，共同构建出独特的音乐场景和戏剧效果。

除了声乐，器乐也在日本音乐中占有重要地位。传统日本音乐中使用的乐器丰富多样，其中最具代表性的包括三味线、尺八和琴等。三味线是一种弹拨乐器，具有独特的音色和演奏技巧。它在传统音乐中扮演着主要的伴奏和独奏角色，通过指法和弹奏技巧，表达音乐的情感和节奏。

尺八是一种长笛，它以其悠扬的音色和独特的吹奏技巧而闻名。尺八在传统音乐中常用于独奏和合奏，通过吹奏技巧和变化的音色，演绎出丰富的音乐情感和表达。

琴是一种弹拨乐器，它具有古雅的音色和独特的演奏方式。琴在日本音乐中常用于独奏和伴奏，通过指法和弹奏技巧，表达音乐的情感和节奏。

声乐和器乐的结合使日本音乐更加丰富多样。在传统日本音乐中，声乐和器乐相互呼应，相互补充，共同构建出独特的音乐风格和表达方式。

声乐和器乐的结合不仅体现在传统音乐中，也在现代的日本音乐中得到广泛应用。日本流行音乐中，歌手常常与乐队或音乐制作人合作，通过声乐的表演和乐器的伴奏，创作出丰富多样的音乐作品。流行音乐的声乐形式多样，既有甜美婉转的抒情歌曲，也有活力四射的摇滚乐曲，以及充满节奏感的嘻哈音乐等。乐器在流行音乐中扮演着重要的角色，如吉他、贝斯、鼓等常见的乐器都被广泛使用。

除了传统音乐和流行音乐，日本还涌现出许多创新的音乐形式，如电子音乐、动漫音乐等。电子音乐在日本的发展非常活跃，许多日本音乐制作人和 DJ 在电子音乐领域取得了巨大的成就。动漫音乐是指在日本动画作品中使用的音乐，这些音乐往往与动画的故事情节相契合，通过声乐和器乐的结合，为动画作品增添了独特的音乐魅力。

总的来说，日本音乐文化以声乐和器乐的结合为特征，通过不同的音乐题材和表达方式，展现了丰富多样的音乐风貌。声乐和器乐的结合既体现了传统音乐的独特魅力，又在现代音乐中得到了创新和发展，为日本音乐文化增添了丰富的内涵和多样性。

（三）五声音阶的运用

日本音乐以五声音阶为主，这一特征体现了日本音乐文化与中国音乐的相似之处，也体现了东亚音乐文化的共同特点。五声音阶由 C、E、F、A、B 五个音构成，相较于西方音乐的七音音阶来说，显得更为简洁和独特。

五声音阶在日本音乐中被广泛运用，它为日本音乐创作提供了独特的音乐语言和表达方式。这种音阶系统的特点使日本音乐具有独特的音调和旋律特征，使其在听觉上与西方音乐有所区别。同时，五声音阶赋予了日本音乐一种朴实、纯净的氛围，给人以宁静、温暖的感觉。

在日本传统音乐中，五声音阶的运用可以追溯到古代。古代雅乐和音乐等传统音乐形式中，音乐创作常常以五声音阶为基础，通过不同的音符排列和音程组合，表达出丰富多彩的音乐情感和意境。五声音阶的使用在传统音乐的演唱和乐器演奏中都得到了体现，使传统日本音乐具有独特的韵味和美感。

在现代日本音乐中，五声音阶的运用同样广泛存在。无论是流行音乐、摇滚乐还是电子音乐，五声音阶都是创作的重要基础。日本流行音乐中的许多歌曲都以五声音阶为主要基调，使歌曲旋律简洁明快，易于记忆和传唱。电子音乐中的节奏和旋律也常常围绕五声音阶展开，创造出富有现代感的音乐作品。

总的来说，五声音阶是日本音乐文化的重要特征之一，它为日本音乐赋予了独特的旋律和情感表达方式。这一特征与中国音乐的五声音阶有相似之处，反映了东亚音乐文化中的共同元素和价值观。同时，五声音阶在日本传统音乐和现代音乐中得到广泛运用，为日本音乐创作提供了丰富的表达手法和艺术空间。

（四）偶数拍子的使用

日本音乐的节奏特征是以二、四等偶数拍为主，相对较少使用单拍子节奏。这一特点赋予了日本音乐一种稳定和舒适的感觉，与西方音乐中常见的单拍子节奏有所区别。

偶数拍子的使用在日本音乐中非常普遍。二拍子节奏使音乐节奏感较为简洁和明确，具有稳定的节奏脉动，使人容易把握音乐的节奏感和脉动感。四拍子节奏则更为常见，它给人一种有规律、循环的感觉，使音乐具有一定的重复性和连贯性。这种偶数拍子的运用让日本音乐更易于理解和接受，也更容易引起听众的共鸣和参与。

在传统日本音乐中，雅乐、能乐以及民间音乐等都常常采用二拍子或四拍子节奏。雅乐以其庄严、典雅的音乐风格而闻名，它的节奏常常以四拍子为主，通过打击乐器和弦乐器的交替演奏，营造出一种悠扬而平稳的节奏感。能乐则多以二拍子为基础，通过太鼓等打击乐器的律动与舞蹈的配合，创造出充满韵律和动感的节奏效果。民间音乐中的民歌、民间舞曲等也常常采用二、四拍子，使音乐更易于跟随和参与。

流行音乐、摇滚乐、电子音乐等各种音乐流派都不同程度地使用了二、四拍子节奏。这种偶数拍子的使用让音乐更易于跟随、舞动和感受，为日本流行音乐营造出一种欢快、活泼的节奏氛围。

总的来说，在日本传统音乐和现代音乐中，偶数拍子的运用广泛存在，为音乐带来了丰富的节奏层次和韵律感，让听众更容易与音乐产生共鸣和情感连接。这种特征也是日本音乐与其他地区音乐的区别之一，展示了日本音乐文化的独特魅力。

需要注意的是，并非所有日本音乐都完全遵循这种以二、四等偶数拍为主的节奏模式。在一些特殊的音乐形式或特定作曲家的作品中，仍然可以发现使用单拍子或其他非偶数拍子的情况。这种多样性使日本音乐更加丰富多样，展现出其富有创造力和变化性的一面。

（五）和声的重视

日本音乐文化注重和声的运用，即将多个声部或乐器的声音结合在一起，以创造丰富的音乐层次和和谐的声音效果。和声是指不同音高的音符在同一时间内同时发出，产生和谐的音乐效果。通过和声的运用，日本音乐增加了音乐的复杂度和深度，使音乐更加丰富多样。

在传统的雅乐和音乐中，和声起到了重要的作用。雅乐是古代贵族的音乐形式，它注重和声的平衡和和谐。雅乐中使用了多个乐器，如筝、箫、笙等，它们在演奏时通过和声的组合来产生美妙的音乐效果。能乐则通过和声的变化来表达角色的情感和剧情的发展，使音乐与舞蹈的结合更加完美。

在日本的民间音乐中，和声同样起到了重要的作用。民歌和民间舞曲常常以多个声部的和声形式进行演唱和演奏，使音乐更具层次感和丰富性。在民间器乐演奏中，不同乐器的和声组合也能够创造出丰富的音乐效果，使音乐更加生动和饱满。

在现代的日本音乐中，和声的运用同样得到了重视。在流行音乐、摇滚乐和电子音乐中，和声常常用于丰富音乐的层次和增加音乐的情感表达。多个声部或合唱团的和声演唱，使音乐更加丰满和饱满，能给听众带来更加深入的音乐体验。

日本音乐文化注重和声的运用，通过多个声部或乐器的和声组合来丰富音乐的层次和表达方式。无论是传统音乐还是现代音乐，和声都扮演着重要的角色，赋予音乐更丰富的音乐色彩和美感。和声的运用使日本音乐更加多样化、层次丰富，展现了日本音乐文化的独特魅力。

（六）古典与现代的结合

日本拥有悠久的古典音乐传统，如雅乐、能乐和筝曲等，这些传统音乐形式凝聚了日本文化的精髓和传统。古典音乐以其独特的音乐风格、演奏技巧和表达方式而闻名。

古典音乐在日本音乐文化中扮演着重要的角色。雅乐是一种古代贵族的音乐形式，以其庄严典雅的音乐风格而闻名。雅乐的演奏需要高度的技巧和专业知识，常常由经过严格训练的音乐家和表演者来演奏。能乐是一种古老的舞蹈剧场形式，结合了音乐、舞蹈和戏剧元素，通过和声和伴奏乐器的运用来表达故事情节和角色情感。筝曲是一种以筝为主要乐器的音乐形式，通过筝的演奏技巧和表现力来传递音乐的情感和意境。

与传统古典音乐相对应的是现代流行音乐。近年来，日本流行音乐在国际上取得了广泛的认可和成功。日本流行音乐以其多样化的音乐风格和创新的音乐元素而受到广大听众的欢迎。流行音乐包括流行歌曲、摇滚乐、嘻哈音乐、电子音乐等多种流派，它们吸收了西方音乐和日本传统音乐的元素，形成了独特的音乐风格和表达方式。许多日本流行歌手、乐团和偶像团体在国内外都拥有庞大的粉丝群体，他们的音乐作品和演出活动深受欢迎。

古典音乐和现代流行音乐的结合使日本音乐文化更加丰富多样。一方面，古典音乐代表了日本悠久的传统和文化底蕴，通过传承和发展，保留了其独特的艺术价值和美感。另一方面，现代流行音乐展示了日本音乐文化的创新和变革，它融合了不同音乐元素和风潮，创造了新的音乐风格和表达方式。通过古典音乐与现代流行音乐的结合，日本音乐既保留了传统音乐的独特魅力，又展示了音乐的发展和时代的变迁。

在日本音乐的发展中，古典音乐和现代流行音乐并不是完全独立的两个领域，而是相互影响、交融和借鉴。许多现代流行音乐作品中融入了古典音乐的元素，如采样古典乐器的声音、借鉴古典音乐的旋律和声结构等。同时，一些古典音乐家和演奏者也在创作中加入了现代音乐的元素，尝试创新和突破传统的界限。这种古典与现代的结合为日本音乐带来了更大的创作空间和表达方式，丰富了音乐的层次和内涵。

除了在国内的发展，日本音乐也积极参与国际交流与合作。日本音乐家和乐团经常参加国际音乐节、演出和音乐交流活动，与来自世界各地的音乐家进行合作和交流。这种国际交流不仅促进了日本音乐的传播和推广，也为日本音乐家提供了学习和成长的机会，拓宽了他们的音乐视野和创作思路。同时，国际合作为日本音乐注入了新的元素和影响，丰富了其多样性和创新性。

总的来说，日本音乐文化以古典音乐和现代流行音乐的结合为特征，既保留了悠久的传统和文化底蕴，又展示了音乐的创新和多样性。古典音乐体现了日本文化的精髓和传统，而现代流行音乐代表了日本音乐文化的时代变迁和创新精神。这种古典与现代的结合使日本音乐文化更加丰富多元，同时国际交流与合作促进了日本音乐的发展和影响力的扩大。

二、朝鲜和韩国音乐

朝鲜和韩国同属于朝鲜半岛文化圈，所以朝鲜韩国两国的音乐也同属于朝鲜半岛音乐，在朝鲜半岛的历史早期，中国的音乐理论和乐器分类对朝鲜产生了很重要的影响。传统的朝鲜半岛音乐有各种三拍子节奏组合，低音区的使用频率较高，许多旋律里都有哀怨、忧郁的情感。从这一点来看，朝鲜半岛的音乐与其他国家的音乐都不同，这也是朝鲜半岛音乐的独特性。

（一）代表题材类型

朝鲜和韩国音乐具有丰富多样的题材类型。其中，雅乐和传统民俗音乐是朝鲜半岛音乐文化中最具代表性的两种类型。

雅乐是朝鲜半岛的古典音乐，也被称为"正乐"。它源于中文的"雅正之乐"，由朝鲜本土音乐和中国音乐两个方面的影响形成。雅乐的演奏方式多为管弦乐合奏、管乐合奏、吹打和歌乐等多种类型。其中，长鼓和筚篥（乡笛）是雅乐中最常用的乐器。雅乐以其庄严、典雅的音乐风格而闻名，常在宫廷和贵族的场合演奏，体现了朝鲜半岛古代社会的尊贵和华贵。

传统民俗音乐是朝鲜半岛的俗乐，包括农乐、板索里和民谣等。农乐是农民在种田和农事活动中演奏的音乐，常以锣鼓、口弦等简单乐器为主。板索里是朝鲜半岛西南部地区的传统乐曲，通常伴随着悠扬的歌唱，以其欢快、活泼的节奏和明快的旋律风格受到广大民众的喜爱。民谣是朝鲜半岛各地流传的民间歌曲，涵盖了生活、爱情、自然等各种主题，通过歌唱表达人们的情感和生活体验。

此外，朝鲜和韩国音乐中还有许多其他的题材类型。例如，宫廷舞蹈音乐是朝鲜半岛宫廷舞蹈演出时的音乐伴奏，通常由传统乐器和歌唱组成，展现了优美的舞蹈和音乐的完美结合。还有剧场音乐，用于戏剧和舞台表演的音乐伴奏，通过音乐的节奏和旋律来表达角色的情感和剧情的发展。当代流行音乐在朝鲜和韩国也非常流行，包括流行歌曲、流行舞曲、流行乐团等，具有现代化的音感，融合了各种流行音乐元素，如流行、摇滚、电子音乐等，形成了独特的韩国流行音乐风格。

总的来说，朝鲜和韩国音乐文化的特征在于丰富多样的题材类型。从雅乐和传统民俗音乐到宫廷舞蹈音乐和当代流行音乐，每种类型都展示了独特的音乐风格和艺术表达方式。这些音乐形式在各自的历史、社会和文化背景中得到了发展，并对朝鲜和韩国社会的认同感、情感表达和文化传承起到了重要作用。同时，朝鲜和韩国音乐的多样性和创新性为国际音乐舞台带来了新的风貌和魅力，为世界各地的听众提供了全新的音乐体验。

（二）代表性乐器

朝鲜和韩国音乐文化中有许多有特色的乐器，其中代表性的乐器包括长鼓和伽倻琴。

长鼓又称杖鼓，是朝鲜半岛历史悠久的乐器之一。它由一个长而细的木杆和两个面径不同的鼓面组成。长鼓在朝鲜音乐中扮演着重要的角色，可以用于独奏、合奏以及伴奏歌曲和舞蹈等。演奏时，演奏者用双手或者手拍击鼓面，通过不同的节奏和力度创造出丰富的音响效果。长鼓的声音激昂有力，能够营造出独特的韵律和氛围，给人一种强烈的节奏感和动感。

伽倻琴又称朝鲜筝，是朝鲜音乐中的一种弹拨弦乐器。它由木质的琴身和弦组成，通常有 12~25 根弦。演奏时，演奏者用指甲或者拨子轻拨琴弦，通过不同的指法和弹奏技巧创造出富有情感和表现力的音乐。伽倻琴可用于独奏、重奏、合奏以及伴唱，适应各种音乐风格和曲目。它的音色柔美而悠扬，能够表达出丰富的情感和意境，常用来演奏叙事歌曲、宫廷音乐和民间音乐等。

除了长鼓和伽倻琴，朝鲜和韩国音乐中还有许多其他的代表性乐器。其中包括箜篌、筚篥（乡笛）、笙、大鼓、琵琶等。这些乐器在朝鲜和韩国音乐中扮演着重要的角色，各具特色和魅力。它们通过不同的演奏方式和音色，丰富了音乐的表现手法和艺术效果，为音乐作品增添了独特的个性和风格。

总的来说，朝鲜和韩国音乐的代表性乐器及其他各种乐器，通过其独特的音色和演奏技巧，为朝鲜和韩国音乐文化增添了丰富多样的音乐表达方式。这些乐器的使用不仅丰富了音乐的声音和音色，也反映了朝鲜和韩国音乐在演奏技巧和音乐风格上的独特之处。它们是朝鲜和韩国音乐文化中宝贵的遗产，传承和发展至今。

三、蒙古音乐

蒙古音乐拥有悠久的历史和丰富多样的音乐形式，展现了蒙古族的独特文化内涵。蒙古音乐以其独特的五声音阶结构为主体，通过丰富多样的曲调和音域的跳跃，展现出广阔辽阔的音乐特色，彰显了蒙古的民族文化。

在蒙古音乐中，五声音阶是最基本的音乐构建单位。每个音阶都可以作为调式主音，但以徵音和羽音作为主音的调式最为常见。这种音阶的运用使蒙古音乐充满了独特的旋律和音乐表达方式。曲调常常使用三度、六度、八度的跳进，给人以跳跃感和音域宽广的感受。这样的音乐构造使蒙古音乐具有强烈的个性和独特的音乐魅力。

蒙古音乐中的民歌也是其重要组成部分，代表性的有长调和短调。长调通常篇幅较长，适合表现抒情的节奏，通过悠扬的旋律和歌词来表达深情的内涵。短调相较于长调来说更为短小精悍，曲调活泼欢快，常常伴有即兴的表演，形式多样。这些民歌以其独特的旋律和动感的节奏吸引着听众，表达了蒙古族人民的情感和生活体验。

蒙古音乐中最具民族风情的乐器有马头琴、雅托噶、四胡、胡笳、火不思、抄儿等。其中，马头琴是蒙古音乐中最有代表性的乐器之一，它是一种弦乐器，呈独特的马头形状。马头琴的演奏方法丰富多彩，表现力极强，能够通过琴弦的振动和弹奏技巧来表达丰富的音乐情感。雅托噶、四胡、胡笳、火不思、抄儿等乐器也都具有浓郁的蒙古族民族风情，演奏时能够带给人们强烈的感受和情感体验。这些乐器在演奏时常常注重抒情性，通过琴弦的振动、音色的变化以及演奏者的技巧来表达音乐的情感和意境。

马头琴是蒙古音乐中最具代表性和独特魅力的乐器之一。它是一种弦乐器，具有马头形状的琴身，通过弹拨琴弦产生音调。马头琴的演奏方式丰富多样，包括指弹、拨弦、拉弦等技巧，演奏者可以通过琴弦的振动和演奏技巧表达丰富的音乐情感和表现力。马头琴常用于独奏和合奏，也常与歌唱和舞蹈等艺术形式相结合，为蒙古音乐增添了独特的民族特色和声音。

雅托噶是一种传统的打击乐器，它由一组小鼓组成，演奏者通过手指、手掌和鼓槌等方式敲击鼓面，产生节奏和声音。雅托噶在蒙古音乐中起到重要的节奏和伴奏作用，常用于舞蹈和乐团演奏中，营造出活泼欢快的音乐氛围。

四胡是一种弓弦乐器，类似于二胡，但具有更多的音弦，可以发出更广泛的音域和音色。四胡常用于独奏和合奏，它的音色柔美而富有表现力，能够表达出丰富的情感和情绪。

胡笳是一种蒙古族特色的竹制吹管乐器，它具有独特的音色和吹奏技巧。胡笳常常用于民间音乐演奏中，通过吹奏者的呼吸和吹奏技巧，产生富有情感和韵律的音乐声音。

火不思和抄儿都是由牛角制成的打击乐器，通过敲击或者摩擦牛角的边缘，发出独特的声音和节奏。这些乐器常用于蒙古音乐中的民俗表演和庆典活动中，为音乐增添了独特的声音和节奏效果。

总的来说，蒙古音乐中的乐器丰富多样，每一种乐器都有其独特的音色和演奏风格。它们通过演奏者的技巧和表现力，与其他乐器和声乐相结合，创造出丰富多样的蒙古音乐。

四、东亚音乐文化的异同

（一）共同点

东亚地区的音乐文化在某些方面存在着共同点，这反映了相互影响和互通的历史背景。尽管各国有自己独特的音乐传统和风格，但它们在音乐体系、乐器和音乐影响方面存在许多共通之处。

首先，东亚的音乐曲调都以十二音体系的五声音阶为主，这是中国古代音乐体系的基础。这个音阶包括宫、商、角、徵和羽五个音，可以作为调式的主音。这种音节结构不仅在中国音乐中广泛应用，也在日本、朝鲜和蒙古等地区的音乐中起着重要作用。这种共同的音阶体系使东亚音乐在曲调和音乐结构上具有相似性。

其次，东亚地区的乐器中存在许多同宗同源的乐器，这表明了不同国家之间的音乐互通和相互影响。例如，中国的二胡在朝鲜半岛被称为溪琴，在蒙古国被称为马头琴。中国的三弦在日本被称为三味线。琵琶是中国和日本都有的乐器，而古筝是中国的乐器，日本有日本筝，朝鲜半岛有伽倻琴，蒙古国有雅托噶等。这些乐器不仅形态相似，演奏方式和音色也存在一定的相似性，说明了东亚各国音乐之间的共同之处。

从传统音乐的角度来看，中国古典音乐对日本和韩国的音乐产生了深远的影响。中国的古典音乐体系和演奏技巧被日本和韩国借鉴和吸收，而且中国的雅正之乐已成为各国传统音乐的代表。在日本，它演化成了雅乐和雅号；在韩国，它演化成了雅乐和正乐。这种传统音乐的影响表明了东亚音乐文化的互通性和相互交流的重要性。

此外，东亚音乐中也存在一些共同的特点，如重视和声和丰富多样的题材类型。和声在东亚音乐中占据重要地位，通过和声的运用丰富音乐的层次和表达方式。同时，东亚音乐文化中的题材类型十分丰富多样。各国音乐都涵盖了生活、爱情、自然、历史、神话传说等多种主题。这些题材在音乐中被表达出来，通过旋律、歌词和演奏方式传达给听众。

在中国音乐中，常见的题材包括山水田园、儿童歌谣、古代诗词赋和历史传说等。例如，《赏花时节》展现了春天花开的美丽景象，而《渔舟唱晚》描绘了江南水乡的宁静与浪漫。另外，中国古代的文人雅士也创作了许多表达自然和人生哲理的音乐作品，如《广陵散》和《平沙落雁》等。

日本音乐中的题材类型也非常丰富，常见的有民谣、祭祀音乐和舞蹈音乐。日本的民谣以歌颂自然、表达爱情和人生哲理为主题，如《樱花樱花》和《矢切渡口》等。祭祀音乐则常用于庆祝和祭祀活动，如能乐和神乐等。此外，日本还有许多传统舞蹈音乐，如京都的茶道舞蹈音乐和歌舞伎音乐等，它们通过舞蹈和音乐的结合，展示了独特的艺术风格。

朝鲜音乐的题材主要包括民谣、戏剧音乐和舞蹈音乐。朝鲜的民谣通常歌颂劳动、爱情、友谊和家庭等主题，如《阿里郎》和《月夜的哭声》等。

蒙古音乐的题材常常描绘草原的壮丽景色、牧民的生活和牛羊奔跑的场景，表达了蒙古族人民对自然和草原的热爱和崇敬。

总的来说，东亚音乐文化在音乐体系、乐器和题材上存在着许多共同点。各国的音乐都受到中国音乐的影响，共享五声音阶的基础结构。乐器方面，许多乐器在不同国家之间存在着同宗同源的关系，展现了相互融合和相互影响的特点。同时，东亚的传统音乐相互交流和影响，中国古典音乐对日本和韩国的音乐产生了深远的影响。尽管存在共同点，东亚音乐文化也各自发展出独特的风格和特色。各国音乐在题材选择上有所差异，表现了各自的历史、文化和民族特色。然而，这些音乐文化之间的相互影响和交流，使东亚音乐文化变得更加丰富多样，展现了地区之间的联系和共同的审美情趣。东亚音乐文化在共同的音乐体系、乐器和题材上存在着共同之处。尽管各国音乐有各自的独特性，但它们在东亚地区的相互影响和交流中形成了一种互通性和共享性。这种多元一体的音乐文化丰富了东亚地区的艺术遗产，也为人们带来了丰富多彩的音乐体验。

（二）不同点

东亚音乐文化的不同点体现在各国音乐独具特色的表现形式上。尽管存在许多共同点，但朝鲜、蒙古国和日本的音乐文化在某些方面有着明显的差异。

首先，朝鲜音乐在节奏和表现方式上有其独特之处。朝鲜音乐常采用三拍子节奏，与其他东亚国家的偶数拍子节奏有所不同。这种三拍子的运用赋予了朝鲜音乐一种特殊的韵律感和凄凉的情感表达。此外，朝鲜音乐中常使用低音来表现悲伤和哀愁，使音乐更具感染力和独特的氛围。

蒙古音乐也具有其独特的特点。蒙古音乐常常以草原风情和牧民生活为主题，通过音乐表达对自然和草原的热爱和崇敬。蒙古音乐的曲调常用五声音阶的徵音和羽音作为主音调式，以及三度、六度、八度的跳进，赋予音乐以广阔和宏大的感受。民歌中的长调和短调各具特色，长调适合表达抒情的节奏，而短调更为活泼和多样。

日本音乐以其古雅端庄和独特的表现形式著称。传统的日本音乐如雅乐和音乐以其庄重而典雅的音乐风格而受到推崇，而传统歌舞伎表演以其独特的舞蹈和音乐结合而闻名，它们共同创造出一种别具一格的表演艺术。此外，日本的音乐也有着特殊的调式，如都节调式，它具有一种诡异和神秘的美感，赋予音乐一种独特的氛围和情感表达。

除了以上的不同点，东亚音乐文化中的差异还体现在乐器的选择和演奏方式上。每个国家都有自己独特的乐器，如朝鲜的马头琴、蒙古的雅托噶、日本的日本筝等。这些乐器在音色和演奏方法上都具有独特的特点，丰富了音乐的表达。

另一个值得注意的不同点是东亚各国音乐中的舞蹈和舞台表演形式。朝鲜音乐文化中的舞蹈表演通常以韩舞为代表，其舞姿优美、流畅，充满了韵律感和宫廷气息。韩舞在形式上注重舞者的身体控制和舞步的变化，常常通过手势、面部表情和身体姿势来传达情感和故事。蒙古音乐文化中的舞蹈则更多地反映了牧民生活和草原文化，通常伴随着歌唱和马头琴的演奏。蒙古舞蹈以其激情四溢、豪放奔放的风格而著称，舞者的身体动作和跳跃技巧都具有力量感和活力。

日本音乐文化中的舞台表演形式则以歌舞伎为代表。歌舞伎是一种结合了音乐、舞蹈和戏剧的综合艺术形式，以其精湛的表演技巧和独特的舞台美学而受到世界的赞赏。歌舞伎表演通常通过面具、服装、化装和舞台布景来传达角色的特征和情感，音乐在其中起着重要的配乐和衬托的作用。

此外，东亚音乐文化还体现在信仰音乐和庆典活动中。例如，中国的佛教音乐和道教音乐在信仰仪式和寺庙活动中扮演重要角色，其音乐特色与民间音乐有所不同。日本的神乐音乐则是一种用于祭祀和庆典的信仰音乐，常常与舞蹈和舞台表演相结合，富有神秘感和庄严感。

总而言之，虽然东亚音乐文化存在许多共同点，但各国在音乐形式、调式、乐器选择、舞蹈和舞台表演等方面都展现出自己独有的特色。这些差异不仅反映了各国的历史、地域和文化传统，也丰富了东亚音乐的多样性和魅力。通过相互的交流和影响，东亚各国音乐文化在保留传统的同时不断发展和创新，为世界音乐贡献了独特的艺术价值。

第三节　中国流行音乐的发展

一、中国流行音乐的发展脉络

中国流行音乐的发展脉络可以追溯到 20 世纪 50 年代，然而真正的流行音乐的兴起可以追溯到改革开放时期。改革开放政策实施后，也为流行音乐的发展提供了机遇和土壤。

（一）早期阶段

在中国流行音乐的早期阶段（20 世纪 50 年代至 70 年代），主要受到政治和社会环境的影响。在这个时期，中国正处于社会主义革命和建设的时期，音乐表达了社会主义理想和革命精神。

中国流行音乐的主题和内容主要以政治歌曲和革命歌曲为主导。这些歌曲通过赞美社会主义制度、歌颂党和国家的领导人、弘扬工农兵的英勇事迹以及表达对社会主义革命和建设的支持和热爱。这些歌曲常常通过合唱形式来演唱，以增强集体意识和发扬团结精神。

在早期阶段，中国流行音乐的演唱者多为职业歌手或歌舞团体，他们通过广播、电视、演出等渠道将政治歌曲和革命歌曲传播给大众。这些歌曲成为社会主义时期的主旋律音乐，深入人心，影响了几代人的思想和情感。

（二）中期阶段

20 世纪 70 年代中国开始实施改革开放政策，开放了经济、文化和社会领域，为中国流行音乐带来了新的机遇和发展空间。中国摇滚音乐在这个时期开始崛起，成为中国流行音乐的一个重要分支。

改革开放初期，中国流行音乐受到西方音乐的影响。引进的音乐风格和流派，如摇滚、流行、爵士和电子音乐等，开始在中国流行音乐中融合和发展。摇滚乐团如唐朝乐队、黑豹乐队、中国娃娃乐队等开始崭露头角，他们通过反叛的音乐风格和歌词表达了年青一代的情感和追求，引领了中国摇滚音乐的发展。

20 世纪 80 年代是中国流行音乐的关键时期，中国的音乐产业得到了进一步发展。音乐节目如《歌曲》和《星光大道》等开始在电视台播出，为年青音乐人提供了展示才华的平台。在这个时期，许多流行歌手开始崭露头角，他们的歌曲以独特的音乐风格和情感表达受到了广大听众的喜爱和追捧。

20 世纪 90 年代以后，中国流行音乐进入了一个新的发展阶段。随着信息技术的进步和互联网的普及，音乐市场的多元化和商业化加速了中国流行音乐的发展。音乐录制、发行和推广方式发生了巨大变化，音乐作品更容易被广大听众接触和传播。流行音乐的风格也更加多样化，包括流行、摇滚、电子、民谣、嘻哈和 R&B 等。

（三）新阶段

21 世纪以来，中国流行音乐的国际影响力逐渐增强。中国歌手和音乐团体开始参与国际音乐交流和合作，走向世界舞台。他们的音乐作品在国际市场上获得认可和关注，为中国流行音乐的国际化发展提供了契机。

除了个别艺人的成功，中国流行音乐产业的整体发展也不断壮大。音乐制作公司、音乐节、演唱会等活动蓬勃发展，为音乐人提供了更广阔的创作和演出平台。同时，数字音乐平台的兴起和音乐在线播放的普及，使音乐作品更容易被广大听众接触和分享。

中国流行音乐的多元化也在不断拓展。近年来，各种音乐风格和流派的融合越来越普遍，创作出了更具创新和独特性的音乐作品。同时，对于中国传统音乐元素的重新解读和融入，使流行音乐在保留东方文化特色的同时展现了新的面貌。

总的来说，中国流行音乐在东亚地区的发展经历了多个阶段，从政治歌曲和革命歌曲的主导到摇滚音乐的崛起，再到今天多元化的音乐风格和国际化的发展。它受到了东亚地区传统音乐的影响，融合了各种国际音乐元素，并以自身的创新和独特性赢得了广大听众的喜爱和关注。中国流行音乐的发展不仅代表了中国文化的多样性和创造力，也促进了东亚地区音乐文化的交流与合作。

21 世纪以来，中国流行音乐经历了多元化和商业化的发展。这一时期，中国流行音乐的风格更加多样化，涵盖了各种音乐流派和风格。

1. 音乐产业的蓬勃发展

21 世纪以来，中国的音乐产业迅速发展，涌现出了大量的音乐制作公司、唱片公司和音乐人才。这些公司为音乐人提供了更广阔的创作、制作和推广的平台，推动了中国流行音乐的发展。

2. 数字音乐平台的兴起

随着互联网的普及和数字音乐的兴起，中国的音乐消费模式发生了巨大的变化。各种数字音乐平台如网易云音乐、QQ 音乐、酷狗音乐等成为音乐人发布作品和与听众互动的重要渠道。这些平台提供了在线音乐播放、音乐下载、音乐推荐等功能，使音乐更容易被广大听众接触和分享。

3. 音乐节和演唱会的盛行

近年来，音乐节和演唱会在中国变得越来越普遍和受欢迎。各种规模的音乐节如草莓音乐节、乐迷节等吸引了大量的音乐爱好者和观众。演唱会也成为音乐人展示实力和与粉丝互动的重要场合。这些音乐节和演唱会不仅为音乐人提供了演出的机会，也丰富了听众的音乐体验。

4. 多元化的音乐风格和流派

21 世纪以来，中国流行音乐的风格变得更加多元化。流行、摇滚、电子、民谣、嘻哈、R&B 等各种音乐流派都得到了一定的发展和认可。音乐人通过创新和融合不同的音乐元素，创作出独特的音乐作品。这种多元化的音乐风格反映了中国流行音乐的创造力和包容性。

5. 国际化的发展趋势

中国流行音乐在 21 世纪以来呈现国际化的发展趋势。越来越多的中国音乐人与国际音乐人合作，进行跨国合作和交流。中国流行音乐人在国际舞台上崭露头角，参与国际音乐节和演出，与外国音乐人合作创作音乐。同时，中国的流行音乐受到国际音乐的影响，吸收国际音乐的元素和风格，融合到自己的音乐中，展现出与世界接轨的国际化风貌。

6. 全球影响力的提升

随着中国经济的崛起和文化软实力的增强，中国流行音乐的全球影响力也逐渐提升。越来越多的中国音乐人在国际舞台上获得认可和赞誉，他们的音乐作品在全球范围内受到关注和喜爱。中国流行音乐的国际化发展为中国音乐文化的传播和推广提供了更广阔的平台和机遇。

总的来说，中国流行音乐在 21 世纪以来经历了多元化和商业化的发展。音乐产业的蓬勃发展、数字音乐平台的兴起、音乐节和演唱会的盛行、多元化的音乐风格和流派、国际化的发展趋势以及全球影响力的提升，都为中国流行音乐的发展奠定了坚实的基础。中国流行音乐不断创新、融合和发展，成为中国文化的重要组成部分，并在国际舞台上展现独特的魅力和影响力。

二、东亚文化与中国流行音乐的发展

东亚文化对中国流行音乐的发展产生了重要的影响。东亚地区的文化传统、价值观和艺术风格都在一定程度上塑造了中国流行音乐的特色和发展方向。

（一）中国流行音乐受到了东亚地区的传统音乐的影响

中国传统音乐以其独特的音律体系、古典美学和文化内涵，对中国流行音乐的创作和演绎产生了重要影响。

一方面，传统乐器的运用是中国流行音乐中不可或缺的一部分。古筝、二胡、琵琶、笛子等传统乐器常常被引入流行音乐的编曲中，赋予了作品独特的东方韵味。这些乐器的音色和演奏技巧为流行音乐创造了丰富多样的声音效果，使音乐更具个性和魅力。同时，传统乐器的演奏方式和表达方式为流行音乐带来了不同的情感表达和艺术表现手法。

另一方面，中国传统音乐的音律体系和旋律构成也对流行音乐的创作起到了重要作用。传统音乐以五声音阶为基础，通过调式和音程的运用创造出独特的旋律结构。这种旋律构成方式往往充满情感表达和变化，为流行音乐带来了丰富的情感和层次。流行歌曲中常常出现的音程变化、音符的跳跃和转调等元素，都受到了传统音乐的影响。同时，中国传统音乐中丰富的音乐表达技巧，如音节的延长、音调的起伏、音乐的韵律感等，在流行音乐中得到了运用。

除了音乐元素的影响，中国传统音乐的古老智慧和审美观念也为流行音乐的创作提供了灵感和创新的空间。中国传统音乐强调和谐、平衡和内涵，注重情感表达和音乐的美学价值。这种审美观念也在流行音乐中得到了体现，歌词和主题常常涉及人生哲理、情感抒发和社会关怀等方面。通过传统音乐的智慧和审美观念，流行音乐得以传递更深层次的意义和情感。

总的来说，中国流行音乐受到了东亚地区传统音乐的深刻影响。传统乐器的运用、音律体系和旋律构成、古老智慧和审美观念等方面的影响，使中国流行音乐具有独特的东方风格和韵味。这种影响不仅丰富了流行音乐的艺术表达和音乐形式，也使中国流行音乐在国际舞台上占据了独特的地位。

（二）东亚地区的文化交流促进了中国流行音乐的多样性和国际化

东亚地区的文化交流和互动对中国流行音乐的多样性和国际化起到了重要的促进作用。这种文化交流不仅包括东亚各国之间的音乐交流，也涉及其他艺术形式、流行文化和娱乐产业的互动。

首先，日本的流行音乐对中国的流行音乐产生了很大的影响。日本流行音乐在 20 世纪 80 年代开始在中国传播，并引发了中国流行音乐的变革和创新。日本流行音乐的元素，如流行歌曲的编曲方式、时尚形象和舞蹈风格等，对中国流行音乐产生了影响。中国流行音乐艺人也受到了日本偶像团体和流行乐队的启发，探索了不同的音乐风格和表演形式。这种跨文化的影响促使中国流行音乐呈现多元化和国际化的特点。

其次，韩国的流行音乐，尤其是韩国流行音乐产业的快速崛起，也对中国流行音乐的发展产生了重要的影响。韩国流行音乐在中国的流行文化中占据了重要地位，被年青人广泛接受和追捧。韩国的流行乐团、偶像团体和流行歌手，通过音乐、舞蹈和时尚等多方面的创新，吸引了大量中国粉丝的关注。这种影响推动了中国流行音乐的多样性和国际化，促进了中国音乐产业的发展。

此外，中国流行音乐也积极参与东亚地区的音乐合作和文化交流活动。音乐节、音乐展演和音乐奖项等活动成为中国音乐人展示才华和交流经验的重要平台。中国音乐人与东亚地区的音乐人合作，共同创作音乐作品，通过跨国合作和演出，推动了东亚地区音乐文化的交流和融合。

通过东亚地区的文化交流，中国流行音乐不仅获得了多元化的音乐元素和风格，还在国际舞台上展现了自己的独特魅力。中国流行音乐艺人通过参与国际音乐节、演唱会和合作项目，与东亚地区的音乐人进行交流，增进了彼此的了解和合作，同时吸引了越来越多的国际关注和认可。

中国流行音乐的国际化也得益于全球化的影响。随着信息技术和互联网的发展，音乐的传播和交流变得更加便捷和广泛。中国流行音乐通过在线音乐平台、社交媒体和视频分享网站等渠道，与全球观众进行互动和传播。这为中国流行音乐在国际市场上获得认可和影响力提供了机会。越来越多的中国流行音乐作品在全球范围内被播放和分享，中国音乐人也参与到国际合作项目中，与国际知名音乐人合作创作和演出。

中国流行音乐的国际化还受益于中国文化的影响力扩大。中国文化如中国电影、电视剧、时尚和传统艺术等在国际舞台上越来越受欢迎。这种文化影响力的扩大也带动了中国流行音乐的国际传播和认可。中国流行音乐艺人通过国际巡演、音乐节和国际奖项的参与，向全球观众展示了中国音乐的魅力和创新。

在中国流行音乐的发展中，东亚地区的文化交流起到了重要的推动作用。通过吸纳东亚地区传统音乐的影响、接触到日本和韩国的流行音乐、参与东亚地区的音乐合作和国际交流活动，中国流行音乐逐渐形成了自己的独特风格和国际化水平。这种文化交流促进了中国流行音乐的多样性和创新，也使中国音乐人能够在国际舞台上展现自己的才华和影响力，为中国音乐产业的发展开辟了新的机遇和可能性。

（三）共通文化价值为中国流行音乐发展奠定基础

东亚地区的文化共通性和共同的价值观为中国流行音乐的发展提供了共同的基础。尽管中国、日本、韩国等国家有着各自独特的文化传统和历史背景，但在某些方面存在相似之处。这些共通的文化价值观对于中国流行音乐的创作和表达起到了重要的影响和推动作用。

首先，东亚地区的家庭观念在中国流行音乐中占有重要地位。家庭被视为社会最基本的单位，家庭关系、亲情和家庭责任在歌曲中经常成为表达的主题。歌曲中描绘了对父母的敬爱、对子女的关爱、兄弟姐妹之间的情感等，强调了家庭的温暖和团结。这种家庭价值观的强调在东亚地区共同存在，为中国流行音乐创作提供了共同的主题和情感基础。

其次，东亚地区对传统文化的尊重和继承为中国流行音乐的发展提供了共同的基础。中国、日本、韩国等国家都有悠久的传统文化，如传统音乐、舞蹈、戏剧等，这些传统文化被视为珍贵的文化遗产。在中国流行音乐中，可以看到对传统音乐元素的借鉴和重新演绎，如融入传统乐器的演奏、传统音调的运用等。这种对传统文化的尊重和创新为中国流行音乐赋予了独特的东方韵味，并将传统文化与现代音乐相融合。

此外，东亚地区的价值观强调团体意识和社会责任感，这也在中国流行音乐中得到了体现。许多歌曲关注社会问题、呼吁团结合作、传递正能量等。歌曲中强调个人与社会的互动关系，倡导积极参与社会事务、关心社会发展和他人福祉。这种社会责任感和团体意识的价值观在东亚地区共同存在，为中国流行音乐的创作提供了广阔的主题和表达方式。

东亚地区的文化共通性和共同的价值观为中国流行音乐的发展奠定了基础。这种共通的文化价值观反映了东亚地区人们对家庭、传统文化和社会责任的重视，为中国流行音乐注入了深厚的文化内涵和情感共鸣。

总的来说，东亚文化与中国流行音乐的发展密切相关。东亚的传统音乐、文化交流以及共同的价值观为中国流行音乐的多样性、创新性和国际化提供了重要的支持和推动力。这种文化的交融与共通性的体现使中国流行音乐在东亚地区乃至全球范围内都具有独特的地位和影响力。

思考题

1. 东亚音乐文化区概况中提到的主要音乐形式有哪些？请简要描述它们的特点和在当地的地位。

2. 东亚音乐文化的特征有哪些？在东亚地区的不同国家中是否存在一些共同的音乐特征？请列举几个例子并加以解释。

3. 中国流行音乐的发展经历了哪些阶段？每个阶段的特点是什么？你认为是什么因素促使了中国流行音乐的发展和变化？

4. 中国流行音乐在 21 世纪以来的发展趋势如何？有哪些因素推动了中国流行音乐的多样化和商业化？请举例说明。

5. 中国古代音乐和日本古代音乐有哪些共同之处？又有哪些不同之处？请比较它们在音乐形式、表达方式和文化背景等方面的异同。

请注意，这些思考题旨在促使你思考和讨论东亚音乐文化的相关议题，你可以根据自己的知识和观点进行回答和探讨。

第四章　东亚电影文化解析

第一节　东亚电影文化概况

东亚地区中的中国、日本、韩国等地，拥有丰富多样的电影文化。这些地区的电影产业和电影艺术都具有各自的特点和贡献。

一、中国电影文化

中国电影文化的发展经历了一个丰富多彩的历程。从早期的无声电影到现代的商业大片和艺术电影，中国电影在技术、内容和影响力方面都取得了巨大的进步和成就。

早期的中国电影起步较晚，最早的电影放映是在 20 世纪初的上海、北京等大城市开始兴起的。无声电影时期，中国电影主要受到外国电影的影响，片子多以故事情节简单、喜剧为主。在这个时期，中国电影业逐渐发展起专业制片公司、影片发行机构和电影院线，奠定了中国电影工业的基础。

1949 年中华人民共和国成立后，中国电影进入了一个全新的发展阶段。中国共产党领导下的新政权将电影视为宣传工具和国家文化建设的重要组成部分。在这个时期，中国电影开始制作大量的政治宣传片和革命题材的影片，如《歌唱祖国》《英雄儿女》等。这些影片弘扬社会主义思想，宣传党的理论和政策，对于建立社会主义意识形态的塑造起到了重要作用。

到了 20 世纪 80 年代，中国电影迎来了改革开放的机遇，电影产业开始逐渐市场化。在这个时期，中国电影探索了多种题材和风格，涌现出一批杰出的导演和优秀的作品。第五代导演如张艺谋、陈凯歌等以其独特的艺术风格和深刻的社会观察，获得了国际上的认可和赞誉。同时，商业片开始兴起，如《霸王别姬》《喜剧之王》等影片在国内外取得了巨大的成功。

进入 21 世纪，中国电影产业进一步发展壮大。中国成为全球最大的电影市场之一，国内电影票房不断刷新纪录。中国电影的题材和风格更加多样化，涵盖了各种类型的影片，包括历史剧、科幻片、喜剧片、动画片等。同时，中国的艺术电影在国际上崭露头角，多部作品获得国际电影节的认可和奖项，如王家卫的《花样年华》、贾樟柯的《山河故人》等。这些作品以其深入的社会观察和独特的艺术表达，展现了中国电影的创作力和影响力。

此外，中国电影产业也面临一些挑战和机遇。商业化趋势和市场竞争使一些商业片过于注重票房而缺乏艺术深度，同时中国电影面临审查制度、版权保护、市场准入等方面的制度和法律问题。然而，随着中国经济的快速发展和人民生活水平的提高，观众对多样化、高质量电影作品的需求不断增加，为中国电影的发展提供了机遇。

总体而言，中国电影文化经历了从无声电影时期到现代的商业大片和艺术电影的演变过程，取得了显著的进步和成就。中国电影在技术、内容和影响力方面都展现出了巨大的潜力和创造力。随着中国电影市场的不断壮大和创作环境的改善，中国电影有望在全球范围内展现出其独特的艺术魅力和文化价值。

二、日本电影文化

日本电影文化经历了一个丰富多样的发展历程，从早期的无声黑白电影到现代的日本动画和国际影响力的扩大，日本电影在技术、内容和艺术创新方面取得了显著的进步。

早期的日本电影起步较早，最早的电影放映是在 20 世纪初的东京和大阪等大城市开始兴起的。在无声电影时期，日本电影主要受到欧美电影的影响，片子多以故事情节简单、喜剧和武打为主。在这个时期，日本电影工业逐渐发展起专业制片公司、电影院线和电影发行机构，形成了自己的电影产业体系。

在战后复兴的背景下，日本电影工作者开始探索独特的艺术风格和题材。许多杰出的导演如黑泽明、小津安二郎、今村昌平等崭露头角，他们的作品在国际上赢得了广泛的赞誉和认可。这一时期的日本电影以其深刻的社会观察和人性探索而著称，涉及的题材包括战争、人际关系、家庭问题等，如《七武士》《东京物语》等经典作品。

到了 20 世纪 60 年代，日本电影进入了一段新的发展阶段。新浪潮运动的兴起带来了日本电影的创新和突破，导演如小津安二郎、大岛渚、今村昌平等推出了一系列充满艺术实验性和反传统精神的作品。这一时期的电影具有强烈的政治批判意识和文化反叛精神，对社会现实进行了深入的观察和探索。

21 世纪初，日本电影产业进一步发展壮大。日本成为全球第三大电影市场，国内电影票房不断攀升。日本电影的题材和风格更加多样化，涵盖了各种类型的影片，包括剧情片、喜剧片、动作片、科幻片等。许多电影作品在国内外都取得了商业和艺术上的成功。

同时，日本电影在国际舞台上获得了越来越多的关注和赞誉。多部日本电影在国际电影节上获得了重要奖项，如戛纳电影节、威尼斯电影节和柏林国际电影节等。这些作品通过其独特的艺术表达和文化视角，吸引了来自世界各地观众的关注，并推动了日本电影在国际上的影响力的扩大。

除了商业电影，日本的艺术电影也在持续发展和创新。一些导演以其独特的艺术风格和深度的叙事手法获得了国际认可，为日本电影注入了新的活力和创意。这些作品常常涉及复杂的人际关系、社会问题和心理层面的探索，给观众带来了思考和反思。

此外，日本电影产业也积极与其他国家进行合作和交流。合拍片和跨国制作成为常见现象，许多日本导演和演员也参与到了国际电影制作中。这种合作不仅丰富了电影的内容和风格，也促进了文化交流和友好关系的建立。

总体而言，日本电影文化经历了一个丰富多样的发展过程，从无声电影时期到现代的商业大片和艺术电影，日本电影在技术、内容和影响力方面取得了显著的进步。通过其独特的艺术表达和深刻的社会观察，日本电影不断吸引着观众的关注，并在国际舞台上展现出强大的影响力和创造力。

三、韩国电影文化

韩国电影文化的发展经历了一个令人瞩目的历程，从传统的电影制作到全球范围的影响力，韩国电影在技术、内容和艺术创新方面取得了巨大的成就。

韩国电影的起步可以追溯到 1919 年，当时韩国拍摄了第一部无声电影《独立之春》。然而，在接下来的几十年里，韩国电影业面临多种挑战，如战争、政治动荡和外国电影的竞争，导致韩国电影发展相对较慢。

然而，到了 20 世纪 60 年代末和 20 世纪 70 年代初，韩国电影迎来了一股新的浪潮，被称为"金银时代"。在这个时期，许多杰出的导演和演员崭露头角，创作了一系列备受赞誉的作品。

20 世纪 80 年代，韩国电影经历了一段困难时期，政治和经济动荡对电影制作造成了很大的影响。然而，20 世纪 90 年代，韩国电影重新焕发活力，并迅速崛起为亚洲和全球电影的重要力量。

1999 年，韩国电影《双面人的诞生》在康城电影节上获得最佳导演奖，这标志着韩国电影开始在国际舞台上崭露头角。接下来的几年里，韩国电影在国际上取得了更多的成功，吸引了全球观众的注意力。

韩国电影的发展得益于其独特的题材选择、深入的人物刻画和技术上的创新。韩国电影常常涉及现实生活中的社会问题，如家庭关系、社会阶层、性别平等，通过真实而深刻的叙事，引起观众的共鸣和思考。

此外，韩国电影也以其优秀的导演和演员而闻名。导演们如奉俊昊、洪尚秀、张太维等以其独特的艺术风格和创造力获得了国际上的认可。韩国电影以其独特的审美风格和艺术创新，赢得了国际上的赞誉和关注。例如，奉俊昊的电影《寄生虫》荣获第 92 届奥斯卡金像奖最佳影片，成为韩国电影历史上首部获得该奖项的作品，同时引发了全球对韩国电影的更多关注。

总体而言，韩国电影文化经过多年的发展，已经成为国内外观众热爱的电影类型之一。韩国电影通过其独特的审美风格、真实而深刻的叙事、多元的题材选择和技术上的创新，赢得了观众的喜爱和认可，不仅在亚洲地区，也在全球范围内展现出强大的影响力和发展潜力。

第二节　东亚电影文化的风格

东亚电影文化具有其独特的风格，其中每个国家和地区又都有其自身的独特性。

一、中国电影风格

中国电影风格具有多样性和丰富性，代表了中国文化的独特性和深厚的哲学思考。中国电影注重情感表达和思想探索，在电影作品中经常涉及家庭、人性和社会问题。

（一）深入的情感刻画

中国电影以其深入的情感刻画而闻名，它通过细腻的表演、精准的导演和剧本，揭示出人物内心世界的复杂性和情感的细微变化。情感在中国电影中被视为表达人类内心体验和情感触动的关键要素，也是电影作品与观众之间建立共鸣和情感连接的桥梁。

中国电影通过镜头语言、光影运用和演员的表演来传递情感，创造出触动人心的画面和场景。镜头语言的运用是中国电影中重要的表现手法之一。通过特定的摄影技术、镜头角度和剪辑手法，电影可以精准地捕捉到人物的微表情、眼神交流和身体语言，从而展现出情感的复杂性和细微的变化。光影的运用也起到了关键的作用，通过灯光的照射和阴影的营造，电影可以营造出浓厚的情感氛围和意境，进一步强化情感的表达。

演员的表演在情感刻画中扮演着重要的角色。中国电影中的演员常常通过精湛的演技和细腻的表演，展现出人物内心的复杂情感。他们通过面部表情、肢体语言和声音的运用，将角色的情感状态逼真地呈现给观众，让观众能够深入理解和感受到角色的内心世界。演员的情感表达能力和与角色的共鸣是影片成功传递情感的关键要素。

在中国电影中，情感的真实性和复杂性是核心特点之一。电影作品常常探索人类情感的各个层面，如爱情、友情、家庭关系、人际关系等。电影通过细腻的描绘和情感冲突的展示，展现出人物内心的矛盾、挣扎和成长。这种真实性和复杂性使观众能够深入感受和体验角色的情感，与电影产生共鸣和情感连接。

通过深入的情感刻画，中国电影在情感表达和人物塑造方面展现出独特的艺术魅力。它能够触动观众的情感，引发思考和共鸣。中国电影通过情感的深度和真实性，传递出深远的人类情感和思考。

（二）精妙的叙事方式

中国电影以其精妙的叙事方式而著名。在中国电影中，导演们通过精心的镜头语言、剪辑技巧和音乐配合，创造出独特的叙事结构和节奏，使观众深深陷入电影故事中。

一种常见的叙事方式是非线性叙事。相较于传统的线性故事结构，非线性叙事在时间和空间上更加自由，通过交叉剪辑、闪回和前后时序的转换，将故事元素以非传统的方式呈现给观众。这种叙事手法可以激发观众的好奇心和思考，让故事更加富有层次和深度。观众需要积极地思考和推理，从碎片化的情节中拼凑出完整的故事线索，增加了观影的趣味和挑战性。

此外，中国电影还常常运用闪回的手法。通过插入过去或未来的场景，观众可以深入了解角色的过去经历、内心世界或未来发展。闪回不仅提供了更多的背景信息，还能营造出戏剧性的张力和情感共鸣，使观众更加投入电影故事中。

象征性的叙事手法也是中国电影的特色之一。通过视觉符号、隐喻和象征性的意象，电影导演能够传递深层次的情感和主题，使故事更具艺术性和思考性。这种叙事方式常常需要观众去解读和体会其中的隐含意义，为观众提供了一种思考的空间和启发，使观影体验更加丰富和独特。

总的来说，中国电影以其精妙的叙事方式为观众带来了独特的视觉和情感体验。通过非线性叙事、闪回和象征性的手法，中国电影将故事呈现得更加复杂、深刻和有趣，引发观众的思考和共鸣。这种创新的叙事方式不仅赋予了中国电影独特的审美魅力，也为电影艺术的发展和探索提供了广阔的空间。

（三）丰富的主题内容

中国电影以其丰富的主题内容而备受瞩目。中国电影作品涵盖了广泛而深刻的主题，常常触及家庭、人性和社会等方面，通过对这些主题的探索，呈现人类情感和社会现实的多维度。

家庭是中国电影中经常出现的主题之一。中国传统文化中对家庭的重视和关注使家庭成为电影创作的重要对象。电影作品通过描绘家庭成员之间的关系、家庭内部的冲突和矛盾，展现了人性的复杂性和家庭生活的各种困境。这些作品常常引发观众对亲情、爱情和家庭价值观的深思，以及对家庭角色和责任的反思。

人性是中国电影关注的核心主题之一。通过塑造丰富而具有代表性的角色形象，中国电影呈现了人性的复杂性和多样性。作品中探讨了人类情感、道德观念、人格特质以及人性的善恶两面性等方面。这些电影作品通过真实而细腻的表达，引发观众对自我认知、人性探索和道德选择的思考。

中国电影也积极探讨社会问题，如社会阶层、贫富差距、文化冲突等。通过对社会现象的剖析和揭示，中国电影作品展现了社会的多样性和不公平现象。这些电影通过对社会问题的关注和批判，反映了社会的现实困境，引发观众对社会价值观、公平正义以及个人在社会中的责任与担当的思考。

无论是历史剧、现实题材还是文化冲突，中国电影作品都致力于探索人类存在的意义和价值。通过丰富的主题内容，中国电影传达了丰富的情感和思想，引发观众的共鸣和思考。这些作品不仅丰富了中国电影的艺术表达，也为全球观众提供了深入了解中国文化和社会的窗口。

（四）独特的东方美学和哲学思考

中国电影注重画面的构图、色彩的运用和音乐的表达，追求和谐、平衡和诗意。它们通过细腻的镜头语言、巧妙的剪辑技巧和音乐的渲染，创造出富有艺术美感和思想深度的影像。

中国电影通常借助自然景观来营造视觉的美感。无论是山水画般的山川河流，还是四季变换中的自然风光，中国电影通过对自然界的描绘，展示了大自然的壮丽与神奇。同时，中国电影善于运用传统文化元素，如传统建筑、古老的艺术形式和民俗文化等，将传统与现代相结合，创造出富有东方特色的影像艺术。

哲学思考是中国电影独特的标志之一。中国传统哲学思想，深刻地影响了中国电影的创作。电影作品常常通过对人类存在、生命意义和道德伦理的思考，引发观众对生活、爱情、友情和人性的深刻思索。这些思考往往以隐喻、寓言和象征的方式呈现，使观众得以在观影过程中体味到深层次的思想内涵。

中国电影追求的不仅是艺术美感和思想深度，更是对人类生活意义的追寻。它们通过对普通人的生活、情感和命运的刻画，探讨人类共通的存在问题，引发观众共鸣和思考。中国电影在表达情感、揭示人性和探索生命意义方面，独具东方智慧和哲学深度。

通过独特的东方美学和哲学思考，中国电影在国际舞台上展现出与众不同的风采。它们以其独特的艺术形式和思想内涵，为观众带来了审美享受和心灵的触动。同时，中国电影成了展示中国文化和价值观的重要窗口，促进了不同文化之间的交流与理解。

（五）融合传统与现代元素

中国电影以其独特的东方美学和哲学思考为基础，融合了传统与现代的元素，展现了文化的多样性和时代的变迁。这种独特的风格使中国电影在国际舞台上独树一帜，成为世界电影的重要组成部分。

一方面，中国电影常常融入传统文化元素，通过对传统文化的传承和演绎，表达对传统文化的敬仰和追忆。中国拥有悠久而丰富的传统文化，包括中国古代文学、戏曲、绘画、音乐等，这些文化元素都深刻地影响着中国电影的创作。在电影中，我们经常看到对经典文学作品的改编，如《红楼梦》《西游记》等，这些作品通过电影的形式使传统文化得以传承和再现。同时，中国电影借助传统戏曲的形式和美学原则，赋予影片以独特的表现形式和节奏感。传统文化元素的融入，使中国电影具有浓厚的历史感和文化底蕴，激发观众对传统文化的兴趣和思考。

另一方面，中国电影反映了现代社会的变化和挑战，关注当代人的生活状态、价值观念和社会问题。随着社会的发展和变革，中国电影也随之发生了转变。在电影中，我们看到了对现代生活的真实描绘，如城市化进程、社会问题、家庭困境等。这些电影作品直面当代社会的挑战和问题，通过电影的形式传递对社会现实的关切和反思。同时，中国电影关注人性的探索和内心的表达，通过对情感、人际关系和道德伦理的描绘，触发观众对生活的共鸣和思考。

传统与现代元素的融合使中国电影具有独特的时代感和文化内涵。在电影的表现形式上，中国电影常常运用传统的艺术手法和审美原则，如运用寓意象征的意象、强调场景的和谐与平衡、追求细腻的情感表达等。同时，中国电影不断引入现代的技术和创新手段，如特效技术、摄影技术的发展，使电影呈现现代感和视觉冲击力。这种传统与现代元素的结合使中国电影既保留了传统文化的魅力和深度，又具备了现代观众的欣赏需求和审美标准。

在中国电影中，独特的东方美学和哲学思考贯穿于每一个细节。中国电影注重画面的构图和色彩运用，追求和谐、平衡和诗意。通过精心设计的镜头语言和剪辑技巧，中国电影创造出独特的叙事结构和节奏，让观众沉浸于电影的氛围中。音乐在中国电影中也起到重要的作用，通过音乐的运用，影片能够更好地传达情感和表达主题。这种细腻而富有艺术感的表现手法，中国电影在全球范围内享有盛誉。

总体而言，中国电影的独特之处在于融合了传统与现代的元素，展现了丰富多样的主题内容，并运用独特的东方美学和哲学思考。中国电影通过其独特的艺术表达和思想深度，向世界展示了东方文化的魅力和智慧。随着中国电影产业的不断发展和壮大，中国电影在国际舞台上的影响力也日益增强，成为世界电影的重要组成部分。

（六）多元的影片类型

中国电影的影片类型之多样性使其具备了广泛的观众群体和市场影响力。

首先，历史剧是中国电影中的重要类型之一。中国拥有悠久的历史和丰富的历史文化，历史剧通过对历史事件、人物和时代背景的再现，向观众展现了传统文化的魅力和历史的厚重感。例如，《红色娘子军》《英雄》等影片通过对历史故事和英雄人物的刻画，表达了爱国主义精神和民族情感。历史剧以其庄重的气氛、丰富的细节描绘和宏大的叙事风格，吸引了大量观众的关注。

其次，文艺片在中国电影中也占据重要地位。文艺片强调对生活的深度表达和情感共鸣，通过对人物内心世界、情感体验和社会问题的刻画，探索人性、社会现实和文化价值。这些片子常常注重细腻的情感描绘和具有哲理深度的叙事，如《卧虎藏龙》《活着》等。文艺片的艺术性和思想性使它们在国内外电影节上备受赞誉，成为中国电影的一张重要名片。

喜剧片在中国电影市场中也占有重要的地位。喜剧片通过轻松幽默的方式，让观众笑声不断，提供了一种轻松愉快的观影体验。中国喜剧片常常注重对社会现象和生活细节的幽默揭示，同时融入了中国传统的幽默元素和民间笑话。例如，《大话西游》《疯狂的石头》等影片都获得了广泛的观众认可和喜爱。喜剧片在一定程度上缓解了观众的生活压力，同时传递了积极向上的价值观和乐观的人生态度。

动作片是中国电影中另一类备受欢迎的类型。动作片以精彩的打斗场面、刺激的动作设计和紧张的剧情发展吸引观众的注意。中国动作片在动作设计和拍摄技巧方面具有独特的风格，不仅注重武术功夫的展示，而且融入了中国传统文化和哲学思想。例如，李连杰的《无极》和成龙的《功夫》等影片在国际上享有盛誉。这些影片通过精湛的动作设计、独特的武术风格和深厚的文化内涵，展现了中国武术的美学和哲学价值。

此外，科幻片在中国电影中也逐渐崭露头角。随着科技的进步和观众对未来世界的好奇，中国科幻片在近年来取得了一定的发展。这类影片通过对未来世界、科技发展和人类命运的想象，引发观众对科技与人性关系、人类命运和未来社会的思考。例如，《流浪地球》等影片在国内外都取得了巨大的票房成功，彰显了中国科幻片的创新能力和商业价值。

总的来说，中国电影的多元化影片类型丰富了观众的选择，并展现了中国电影创作的广度和深度。这些类型涵盖了历史剧、文艺片、喜剧片、动作片和科幻片等，每一类影片都有其独特的风格和表现形式。中国电影以其丰富的影片类型和多样的创作风格，为观众呈现了一个多元、立体且具有中国文化特色的电影世界。

（七）社会关怀与思想批判

中国电影通过关怀社会问题和思想批判，促使观众思考社会和个体的责任，反映了中国电影人对于社会现实的关注和对人性的深刻思考。这种社会关怀和思想批判在中国电影的创作中体现得淋漓尽致，具有以下几个方面的特点。

第一，中国电影关注社会不公和弱势群体的命运。中国社会的变革和发展过程中，不同群体之间的差距和不公问题引起了电影人的关注。他们通过电影作品呈现社会现象和个体命运的多样性，揭示社会存在的问题和不公正的现象。例如，电影《白日焰火》展示了城市中边缘人群的生活困境，通过故事的叙述，引发观众对城市贫困和社会分化的反思。

第二，中国电影思考人性的复杂性和道德困境。中国电影常常探讨人类行为和道德选择的复杂性，通过塑造复杂的人物形象和情节，引发观众对人性的思考和反思。这种思考不仅局限于个体层面，还关注个体与社会、个体与环境之间的互动关系。电影《芳华》通过描绘女兵们的成长经历，展现了个体在特定时代和环境下的道德困境和选择，引发观众对个人行为和社会道德的思考。

第三，中国电影探索人与自然、人与命运的关系。中国电影通过对自然环境和命运的描绘，呈现人类在面对自然力量和命运安排时的无奈和反抗。电影《一一》通过多个角色的命运交织，揭示了个体在社会变革和家庭关系中遭遇的困境和选择，引发观众对人类生存状态和命运安排的思考。

中国电影通过关怀社会问题和思想批判，表达对社会不公、人性弱点以及道德困境的深刻思考。它通过真实的叙事和深入的思考，引发观众对社会和个体的责任有更加深入的认识。中国电影在关注社会现实的同时，通过电影的语言和形式传递了对人性的思考和反思。通过这种关怀和批判，中国电影在国内和国际上赢得了广泛的认可和影响力。中国电影人以其独特的视角和艺术表达，通过电影作品探索和呈现社会的多样性和复杂性，引发观众对社会和个体的思考和共鸣。

二、日本电影风格

日本电影以其独特的风格和审美取向而在世界范围内享有盛誉。日本电影追求细腻和内敛的表达，注重情感的克制和深度，以及对人物内心世界的刻画和情绪的表达。这种独特的风格使日本电影在情感表达和思考深度方面具有独特的魅力。

（一）寓言和象征的手法

日本电影以其富有想象力和独特的寓言性质而著称，常常利用隐喻和象征的手法来探讨人类存在的意义和内心的冲突。这种寓言和象征的手法使电影作品超越了现实的局限，引发了观众对于人生和哲学问题的深层思考。

在日本电影中，寓言常常被用来探讨社会现象和人类行为。通过将故事背景设定在超现实的世界中，或者通过人物化的动物形象来呈现，电影人可以更自由地触及敏感或复杂的话题。这样的处理方式使观众能够从一个更加宽广和抽象的视角来理解和思考问题。例如，宫崎骏的动画电影《千与千寻》通过一个少女的奇幻冒险之旅，揭示了社会中个体的消失和人性的迷失的问题。电影中的各种神秘生物和隐喻意象，以及其中蕴含的哲理和寓意，引发观众对现实世界的反思和对人性的思考。

除了寓言，象征也是日本电影常用的手法之一。通过特定的符号、视觉元素或情节的安排，电影人能够传达深层次的意义和情感。这种象征性的表达方式使观众在观影过程中能够更深入地思考电影所传递的主题和哲学问题。例如，是枝裕和的电影作品《无人知晓》通过一个家庭的故事，以及其中的丧子之痛，象征着人类生活中的孤独、无助和无法预测的变化。电影通过细腻的细节和象征性的意象，引发观众对人生意义和家庭关系的思考。

寓言和象征的手法赋予了日本电影独特的艺术表达方式和深度。它们不仅提供了一个迥异于现实的世界，让观众从新的视角来审视问题，而且通过富有想象力的叙事和象征性的意象，传达了关于人类存在、道德选择和内心冲突等普遍而深刻的主题。这种寓言和象征的手法使日本电影在艺术层面上更具独特性，同时引发了观众对于人生意义和社会问题的思考。

日本电影以其寓言和象征的手法，给观众带来了独特的审美体验和思考的空间。这种手法的运用不仅令电影作品更加艺术化，也激发了观众对于生活意义和人性的思考。通过将故事设定在超现实或幻想的背景下，电影人能够突破现实的局限，创造出富有奇幻和诗意的视觉效果。这种超越现实的表达方式不仅丰富了故事的层次，还引发了观众对于人生和人类存在的深层思考。

同时，日本电影通过隐喻和象征来传达深层次的意义。通过特定的符号、视觉元素和情节的安排，电影人能够创造出具有象征性的意象，引发观众对于电影主题的多重解读。这些象征性的元素往往超越了表面的故事情节，传达了更深层次的情感和主题。观众在欣赏电影时，可以从多个层面来理解和解读电影所传递的意义，这为观众提供了更丰富的思考和体验。

寓言和象征的手法赋予了日本电影独特的艺术性和深度。通过将故事设定在超越现实的世界，或者通过隐喻和象征的手法传递深层次的意义，日本电影拓宽了电影表达的边界，并引发了观众对于人生、社会和人类存在的深入思考。这种独特的风格使日本电影在国际舞台上备受瞩目，并在全球范围内产生了深远的影响。

（二）对人物内心世界的深入刻画

日本电影以其对人物内心世界的深入刻画而著称，通过细腻而真实的表演，成功地将观众带入人物的内心世界，展现出复杂的情感和思想。在日本电影中，电影人注重细节和微表情的捕捉，以及对人物行为和对白的选择，揭示出人物内心的矛盾、痛苦和欲望。这种深入的刻画使观众能够更加真实地感受到人物的情感状态和心理变化，与人物产生共鸣，并对人性的复杂性有更深入的理解。

在日本电影中，人物的内心世界往往是通过微妙而精准的表演来呈现的。演员通过细腻的肢体语言、面部表情和眼神的运用，将人物的内心情感传递给观众。他们通过微小的变化和细节的处理，展现出人物内心的矛盾、挣扎和情感交织。这种细腻的表演技巧使观众能够更加贴近人物的情感世界，感受到情感的真实性和复杂性。例如，在是枝裕和的电影作品《无人知晓》中，演员们通过细腻的表演，将人物内心的痛苦、无助和迷茫表达得淋漓尽致，引发观众对人物命运和人性的深入思考。

除了表演，电影人还通过对白和人物行为的选择来揭示人物内心世界。对白的选择可以透露出人物内心的想法、情感和价值观，而人物行为的选择反映出人物内心的矛盾和欲望。这种创作手法使观众能够更深入地了解人物的心理状态和动机，与人物产生情感上的共鸣。例如，电影《小偷家族》中，人物之间的对白和行为选择展现了他们各自内心世界的矛盾、渴望和选择，引发观众对人物行为的理解和人性的思考。

（三）日本电影的美学取向

日本电影以其独特的美学取向而在世界电影舞台上独树一帜。它追求简洁、平衡和克制的视觉表达，将美学的追求融入每一个画面中。日本电影人注重画面的构图和布局，追求视觉上的平衡和谐。他们善于运用对称、线条和空间的安排，创造出令人赏心悦目的画面构图。这种简洁而有力的构图方式使画面具有独特的美感和视觉冲击力。

除了构图，日本电影还注重色彩的运用。色彩在电影中扮演着重要的角色，可以传递情绪、表达主题和烘托氛围。日本电影人善于运用色彩的对比和温度的调节，通过色彩的变化和组合来表达情感和思想。他们注重每一个画面中色彩的搭配与饱和度的控制，使画面呈现鲜明而富有层次感的色彩表现。

此外，节奏的掌握也是日本电影的重要特点之一。日本电影人通过细致入微的摄影和剪辑技巧，创造出独特的节奏感。他们注重镜头的运动和切换的节奏，使画面的变化流畅而有节奏感。通过剪辑的处理，他们将不同镜头和场景有机地连接在一起，创造出一种紧凑而富有张力的叙事节奏。这种精准的节奏掌握使电影的节奏感流畅而饱满，引导观众进入故事的情节和情感之中。

此外，日本电影人还注重环境的营造和细节的处理。他们通过精心设计的布景、精美的服装和精选的道具，营造出与剧情相符的氛围和情绪。他们关注细节的塑造和真实的表现，使观众能够更加深入地融入故事世界中。每一个细节的处理都在为电影的整体美学效果服务，打造出一个完整而有力的视觉呈现。

三、韩国电影风格

韩国电影以其真实而深入的叙事而著称，它展现了生活的真实面貌和人类情感的复杂性。韩国电影人通过真实而具有冲突的故事情节，探索社会现实和个体命运，让观众深入思考人类存在的意义和价值。

（一）社会问题与家庭关系的真实刻画

在韩国电影中，家庭关系是一个常见而重要的主题。电影人通过细致入微的描绘，展示了家庭内部的冲突、亲情的力量、家庭成员之间的相互依存和牺牲。他们以真实的故事情节和精彩的角色塑造，呈现出家庭中复杂的情感关系和相互作用。通过家庭关系的刻画，韩国电影反映了社会变迁对家庭结构和价值观念的影响，引发观众对家庭关系的思考和反思。例如，电影《母亲》以一个母亲为中心的故事，揭示了母爱的伟大和家庭纠葛中的道德抉择，引起观众对家庭责任和伦理问题的深思。

韩国电影也关注教育制度、职场竞争和性别平等社会问题。通过对这些问题的深入剖析，韩国电影人呈现了一个个具体的故事，展示了个体在社会环境中所遭遇的挑战和困境。他们通过真实而生动的情节和细腻的人物塑造，揭示了教育制度的缺陷、职场竞争的残酷和性别歧视的存在。这些作品引发观众对社会价值观和制度规范的思考，并促使社会对这些问题进行深入的讨论和改变。例如，电影《舞动青春》描绘了学生在教育体制中面临的压力和挑战，引发观众对教育制度和学生健康成长的关注。

韩国电影以其真实的叙事风格和对社会问题的深入挖掘而赢得了观众的认可。它们通过生动的情节和细腻的人物刻画，将观众带入影片的世界，让他们亲身经历并感受到其中的社会问题和家庭关系的真实性。韩国电影人注重细节的呈现，以及人物的情感表达和发展，使故事更加贴近观众的现实生活，引发情感共鸣和思考。

在韩国电影中，对社会问题和家庭关系的真实刻画不仅局限于表面的冲突和矛盾，更加注重对人物内心世界的揭示。通过对角色的心理刻画和情感变化的呈现，韩国电影人展现了个体在面对社会问题和家庭关系时的痛苦、挣扎和追求。他们通过细腻的演技和剧本的构建，呈现出人物的复杂性和内心的多维度。观众可以从中感受到人物的真实性和人性的复杂性，进而对人类存在的意义和价值进行深入思考。

此外，韩国电影人在叙事方式和影像语言上也展现出独特的风格。他们通过巧妙的剪辑、摄影和音乐运用，营造出与故事情节相契合的氛围和情绪。韩国电影在视觉上的精致呈现和音乐的运用，加强了观众对情节的理解和情感的共鸣。这些影像元素不仅美化了电影的视听效果，更深化了故事的表达和观众的情感体验。

（二）情感真实，观众共鸣

在韩国电影中，情感的真实性是其突出的特点之一。电影人通过精湛的表演技巧和细腻的情感描绘，将复杂的人物情感表达得淋漓尽致。角色们的喜怒哀乐、悲欢离合都以真实而质朴的方式呈现，使观众能够深刻感受到情感的真实性和人性的复杂性。无论是欢乐的笑声还是悲伤的泪水，韩国电影都能够以令人信服的方式将情感真实地传递给观众。

同时，韩国电影人注重角色的塑造和情感交流。他们通过细腻的表演和情感交流，将观众引入人物的内心体验，与人物共同经历情感的起伏和挣扎。观众能够与电影中的角色建立情感上的共鸣，与他们一同感受喜悦、痛苦、迷茫和希望。这种情感的共鸣使观众能够更加深入地理解人类情感的复杂性和多样性，从而对自身的情感体验和人生的意义产生更深入的思考。

例如，电影《秘密与谎言》通过讲述一对情侣的故事，展现了人际关系中的欺诈、失望和爱的挣扎。通过角色之间的情感交流和内心独白，观众能够深入感受到情感的微妙变化和内心的矛盾。这部电影触发了观众对爱情、信任和自我认知的思考，引发了对于情感关系和人际交往的深入探讨。

（三）真实叙事，细节描绘

韩国电影通过真实叙事和对细节的描绘，展现了对社会问题和家庭关系的深入刻画。它以其独特的风格和艺术手法，引发观众对人类存在的意义和价值观的思考。

在刻画社会问题方面，韩国电影人勇于面对现实，并以真实的视角揭示社会的不公与挑战。他们通过电影故事情节的设置和人物塑造，深入探讨社会现实中的各种问题，如贫富差距、社会歧视、道德困境等。韩国电影人通过真实的叙事和生动的形象呈现，将观众带入这些社会问题的现场，引发观众对社会现象的思考和反思。观众在电影中亲身经历这些挑战和困境，从而对社会的不公和个体命运有更深刻的理解。

家庭关系是韩国电影中常被探讨的重要主题之一。韩国电影人通过真实的叙事和细腻的情感描绘，展现了家庭内部的矛盾、纠葛和成员之间的关系。他们以细致入微的方式呈现家庭成员之间的情感交流、责任与挣扎，使观众能够深刻感受到家庭关系的复杂性和人性的多样性。韩国电影人通过真实的家庭场景和人物形象，引发观众对亲情、责任和家庭价值观的思考。观众在电影中与角色共同经历家庭中的喜怒哀乐，进而对自身的家庭经验和人际关系产生共鸣。

韩国电影人对细节的描绘是他们独特的创作风格之一。他们注重每一个细小的环节和场景，通过细致入微的布景、服装和道具的选择，打造出真实而质朴的电影世界。韩国电影人善于观察和捕捉人物的微妙表情、细微动作和情感变化，通过这些细节展示角色的内心世界和情感体验。观众在观影过程中能够感受到这些细节带来的真实感和情感共鸣，使电影的情节更加真实动人。

韩国电影人通过真实叙事和细节描绘，创造出了一系列感人至深的作品。他们通过真实的故事情节、情感表达和角色塑造，使观众能够深入思考人类存在的意义和价值观。这种真实性和细致描绘让韩国电影在国际电影界获得了广泛的赞誉和关注。观众在观影过程中与电影中的人物和故事产生共鸣，思考生活中的社会问题、家庭关系以及人类情感的复杂性。韩国电影以其独特的风格和深入的叙事，为观众提供了深度思考和情感体验的机会，引领着电影艺术的发展与探索。

（四）韩国电影的勇敢呈现

韩国电影人通过对社会现实的深入观察和思考，创作出了许多引人深思的作品，勇敢地揭示了社会问题和个体挣扎的真相。他们对社会问题的关注十分广泛，涵盖了家庭关系、教育制度、职场竞争、性别平等等多个领域。

韩国电影人通过真实而具体的故事情节，揭示了社会现象和问题背后的深层次含义。他们以真实的叙事方式和生动的人物形象，展现了社会不公、道德困境、个体压力等各种问题。通过饱含冲突和挑战的剧情，韩国电影人勇敢地呈现了现实生活中的困境和挣扎，引发观众对社会现象和人类命运的深刻思考。

观众通过观影体验，被激发出对道德、家庭责任和社会体制的思考。韩国电影人通过引人入胜的剧情和角色塑造，让观众能够与电影中的人物产生共鸣，深入思考人类存在的意义和价值观。这些作品引导观众思考道德选择、家庭责任、个体自由等重要议题，挑战观众对社会和人性的认知，唤起他们对社会问题的关注和思考。

（五）韩国电影的情感力量

韩国电影以其情感力量而备受瞩目。它通过细腻的情感表达和角色塑造，将观众带入人物的内心世界，让他们与角色共同经历情感的起伏和挣扎。韩国电影人擅长通过细腻的表演和情感交流，创造出真实而动人的情感场景，让观众与角色产生情感上的共鸣。

韩国电影人注重细节和情感的描绘，通过表演技巧和细致的观察，将人物内心的情感状态细腻地呈现在观众面前。角色们的喜怒哀乐、欢笑和泪水都以真实而自然的方式展现，使观众能够深刻感受到情感的真实性和深度。无论是内心的痛苦、悲伤还是喜悦、希望，韩国电影都能通过情感的真实表达，打动观众的心。

此外，韩国电影人在情感交流方面表现出色。他们善于通过细腻的表演和情感交流，让观众与角色之间建立情感上的纽带。观众能够感受到角色所经历的情感变化，与他们一同体验喜怒哀乐、痛苦与欢乐。这种情感上的共鸣让观众更加投入电影的世界，与角色一同成长、思考和感受。通过与角色的情感共鸣，观众能够更深入地理解人类情感的复杂性和多样性，从而对自身的情感体验和人生的意义产生更深入的思考。

总而言之，韩国电影以其情感力量和真实的表达方式，深深触动着观众的内心。通过细腻的情感表达和角色塑造，它引发了观众与角色之间的情感共鸣，让人们更加贴近人物的内心体验，进一步理解和感受人类情感的丰富性和人生的复杂性。韩国电影通过情感的真实呈现，为观众带来了深刻的情感体验和思考的启示。

第三节 中国电影的流行文化

中国电影的流行文化反映了中国社会和观众的审美趣味、文化偏好和时代氛围。在中国，电影作为一种重要的文化媒介，起到传递价值观念、表达情感、展示美学和塑造偶像形象的作用。

一、文化认同和历史题材

中国电影常常探索中国文化、历史和传统价值观。历史题材电影以描绘中国历史事件、英雄人物和传统文化为主题，激发观众对国家认同和自豪感。这些电影通常以史诗般的场景和宏大的叙事风格为特点，如《红色娘子军》和《投名状》等。

中国电影的流行文化中，文化认同和历史题材是一大特点。中国电影常常通过探索中国文化、历史和传统价值观，展现国家的认同和自豪感，并向观众传递深厚的历史底蕴和文化传承。

历史题材电影在中国电影中占据着重要的地位。这类电影以描绘中国历史事件、英雄人物和传统文化为主题，通过对历史事件的再现和英雄人物的塑造，让观众感受到中华民族的伟大历史和传统价值观。这些电影往往采用宏大的叙事风格和史诗般的场景，通过宏伟的场面和视觉效果，将观众带入那段悠久的历史时期。例如，《红色娘子军》通过讲述中国共产党领导的红色娘子军的故事，展现了女性英雄的力量和中国共产党的崛起；而《投名状》以明朝抗倭英雄岳飞的故事为背景，让观众感受到中华民族抵御外敌的英勇精神。

这些历史题材电影不仅是对历史事件和英雄人物的再现，更重要的是通过对历史的反思和审视，引发观众对国家的认同和文化的传承。这些电影展示了中国传统文化的博大精深，弘扬了中华民族的价值观念和道德观念。观众通过观看这些电影，深入了解中国历史的辉煌和文化的瑰宝，对自己的国家和文化有更深刻的认同感和自豪感。

此外，历史题材电影还能够在国内外引起广泛的关注和影响力。在国内，这些电影常常成为重要的文化事件，吸引大量观众的关注和讨论。在国际市场上，这些电影也获得了一定的认可和好评，展示了中国电影在历史题材创作上的独特魅力和创造力。

二、现实主义题材和社会问题

中国电影的流行文化中，现实主义题材和社会问题是备受关注的重要方面。这类电影通过真实而具体的故事情节，揭示了当代社会的阶层差异、家庭关系、职场竞争、性别平等问题，引起观众对社会现象和个人命运的思考和关注。

现实主义题材的电影以真实生活为基础，通过对普通人物的刻画和他们所面临的困境展现了现实社会的各个层面。这些电影以真实性和代表性为核心，通过真实的人物形象和生动的情节，反映社会中存在的问题和挑战。这种真实性使观众能够更加贴近电影中的角色，产生共鸣并引发对社会问题的思考。

在现实主义题材的电影中，家庭关系是一个重要的切入点。电影人通过对家庭内部的矛盾、亲情关系和家庭价值观的探讨，展现了家庭成员之间的相互依存和相互影响。这些电影既关注家庭的温暖和团结，也揭示了家庭中的问题和冲突。观众可以通过这些电影深入了解家庭关系的复杂性，同时对自己的家庭和亲情产生共鸣。

另外，现实主义题材的电影还关注职场竞争和社会阶层的描绘。它们通过刻画不同职业领域中的个人奋斗、人际关系和职场压力，反映了现实社会中的竞争和挑战。这类电影通常以细腻的叙事和真实的情感交流，展现了职场人士在工作中所面临的困境和冲突，让观众深入思考个人价值观与职场伦理之间的关系。

例如，《活着》是一部由中国导演张艺谋执导的现实主义题材电影，改编自余华的同名小说。影片通过讲述一个农民的人生历程，展现了中国社会在历史变迁中的巨大变革以及个人命运的起伏。故事中的主人公福贵经历了家庭的破裂以及贫困和苦难的折磨，他的命运与社会变革密切相连。《活着》通过对福贵及其家庭的细腻描绘，反映了中国社会在历史转型时期的困惑、挣扎和生存之艰难。观众在观影过程中，不仅感受到了社会问题的真实存在，也对人生的无常和社会的复杂性产生了深入的思考。

这些现实主义题材的电影不仅是对社会问题的揭示，更是对中国社会和观众审美趣味的一种回应。它们通过真实而细腻的情感表达、丰富的故事情节和深刻的人物刻画，引发观众的共鸣和思考。这种关注现实生活和社会问题的电影创作，使中国电影能够更好地反映社会的多样性和复杂性，同时为观众提供了一种理解社会现实、探索人性的窗口。

三、青春和偶像文化

中国电影市场中，青春题材和偶像明星的电影备受年轻观众的欢迎。这些题材的电影通常以年轻人的成长、友情、爱情和梦想为主题，深入探讨年轻人面临的挑战、困惑和内心的迷茫。这些题材的电影能够引发观众对自身经历的共鸣，并让他们回忆起自己的青春岁月，激发对未来的希望和憧憬。同时，偶像明星的参演吸引了大批粉丝，带动了社交媒体和周边产品的热度。

（一）青春电影的受欢迎程度

1. 多样化的主题和题材

青春电影涵盖了广泛的主题和题材，不仅仅局限于学校生活和爱情故事。近年来，青春电影开始涉及更多社会问题、职场竞争、人际关系和个人成长等方面。观众对于更加真实、多元和有深度的青春题材有着更高的期待。

2. 突破传统框架的创新呈现

青春电影在表现手法上也在不断创新和突破，以吸引年轻观众的注意力。一些电影运用非线性叙事、梦幻幻觉、虚拟现实等技术手段，以独特的艺术表达方式展现青春期的内心世界和情感体验。

3. 强调真实和细节的刻画

观众对于真实性的追求使青春电影在细节刻画上更加注重，力求还原真实的青春生活场景和人物情感。电影制作团队在选角、剧本创作、服装设计等方面都倾注了更多心思，以使观众能够更加身临其境地感受到青春时期的喜怒哀乐。

4. 粉丝文化和社交媒体的影响

青春电影往往有着较强的粉丝基础，年轻观众对于电影中的偶像明星有着极高的关注度。社交媒体平台成了观众与明星互动、分享观影体验的重要渠道。同时，青春电影周边产品的推出，如音乐专辑、影视剧原声带、海报等，也满足了观众与电影内容的更多互动。

总的来说，青春电影的流行趋势呈现多样化、创新化和互动化的特点。观众对于真实、多元和有深度的青春题材有着更高的期待，同时社交媒体的兴起为观众与电影内容、偶像明星进行更多互动提供了平台。青春电影在中国电影市场中的影响力和受欢迎程度将继续保持并进一步发展。

（二）青春电影的主题和表现手法

青春电影作为中国电影流行文化的重要组成部分，以其独特的主题和表现手法在观众中广受欢迎。这些电影涵盖了丰富多样的主题，从学校生活、友情、家庭关系到爱情和职业选择等方面展现了年轻人的成长历程。它们通过真实而具体的情节，描绘了年轻人在面对挑战和抉择时所经历的各种情感起伏和内心的困惑。

学校生活是青春电影中常见的主题之一。这些电影通常以学生为主角，通过讲述他们在学校里的日常生活、友情的建立与考验、学业的压力和成长的经历，展现了年轻人面对学习、人际关系和自我发展的各种挑战。电影创作者们通过真实而细腻的描写，使观众能够深刻感受到学生们的喜怒哀乐和内心世界的起伏。

青春电影还关注友情的重要性和友谊的成长。这些电影通过展现年轻人之间的相互支持、共同成长和共同面对困难的故事，强调了友情在青春时期的重要性。观众既能够从中感受到友谊的真挚和情感的深度，也能够反思自己与朋友之间的关系和交往方式。

家庭关系是青春电影中常常涉及的一个重要主题。这些电影通过展示家庭成员之间的亲情、矛盾和理解，揭示了年轻人在成长过程中面临的家庭压力和家庭关系的复杂性。观众既能够从中感受到家庭的温暖和支持，也能够对自身与家人之间的关系进行深入思考。

爱情是青春电影中的永恒主题。这些电影通过展现年轻人之间的爱情故事，探索了爱情的甜蜜、纠葛和成长的过程。观众既能够从中感受到爱情的美好与挫折，也能够对自己的爱情观和恋爱方式进行反思。

职业选择和成长也是青春电影中常见的主题之一。这些电影通过展示年轻人在面对职业选择和职业发展时所经历的挑战和抉择，呈现他们在职场竞争和自我发展中面临的困惑和成长过程。这些电影探讨了现代社会中的职业压力、就业难题和个人理想的追求，引发观众对自身职业生涯的思考和探索。观众能够从中获得对职业选择和发展的启示，了解到在成长过程中需面对的各种挑战和机遇。

青春电影的表现手法多样而精彩。电影创作者们通过细腻的情感表达、生动的角色塑造和紧凑的剧情，将观众带入年轻人的内心世界，与他们共同经历情感的起伏和成长的困惑。电影中的情感表达往往真实而质朴，能够让观众产生共鸣，深刻感受到角色的喜怒哀乐。同时，电影的剧情安排紧凑有力，能够吸引观众的注意力，并引发他们对故事走向的关注和思考。

此外，青春电影还借助音乐、摄影和配乐等技术手段，营造出青春活力和时代氛围。音乐在电影中扮演着重要的角色，能够加强情感表达和氛围的营造。摄影的运用也能够赋予电影独特的视觉风格和美感，通过画面的构图和色彩的运用，将观众带入电影的世界。配乐则能够增强电影的氛围和情感共鸣，为观众创造出更加真实和感人的观影体验。

（三）社交媒体的推动作用

随着社交媒体的普及和发展，它在推动中国电影流行文化中发挥着重要的作用。社交媒体平台如微博、微信、抖音等成了观众获取电影资讯、讨论电影话题、分享观影心得的主要渠道。观众可以通过社交媒体了解最新上映的电影、观看预告片、获取演员和导演的动态消息，并参与电影讨论、发布影评等。

社交媒体平台也为偶像明星和青春电影的推广提供了广阔的舞台。偶像明星可以通过社交媒体与粉丝进行互动，分享拍摄花絮、宣传片段、与观众的互动等，进一步增加电影的曝光度和话题性。同时，观众可以通过社交媒体平台表达对偶像明星和青春电影的喜爱，发布相关话题标签、转发影片宣传等，扩大影片的影响力和受众面。

社交媒体平台为观众和电影制作方之间建立了更为直接的沟通渠道。观众的反馈和意见可以通过社交媒体直接传递给电影制作方，让他们更好地了解观众的需求和反应，进而在后续的电影制作中做出相应的调整和改进。电影制作方也可以利用社交媒体平台进行预热宣传、发布幕后花絮、互动问答等，与观众建立更紧密的联系，提高电影的知名度和吸引力。

此外，社交媒体平台还促进了观众之间的互动和交流。观众可以通过社交媒体分享自己的观影体验、评价电影、推荐影片等，与其他观众进行讨论和交流。这种互动和交流不仅促进了电影话题的扩散和影片的口碑传播，也让观众能够从其他观众的意见和观点中获得更多的观影启发和思考。

四、动画和特效电影

近年来，中国的动画和特效电影在流行文化中崭露头角，展现了蓬勃的发展势头。这些电影利用先进的技术手段，打造出精美绝伦的动画效果和震撼人心的视觉效果，吸引了广大观众的关注和喜爱。

（一）中国动画电影的国际认可

中国动画电影在国际上获得了越来越多的认可和赞誉。这些作品以其独特的风格和精湛的制作质量赢得了观众的喜爱和认同。其中，《大鱼海棠》和《哪吒之魔童降世》等影片更是在国际电影节上大放异彩，赢得了多项重要奖项。

中国动画电影之所以能够在国际舞台上获得成功，一方面是因为其独特的文化元素和故事背景。这些作品常常融入中国传统文化和民间故事，通过独特的艺术表现形式展现出中国文化的魅力和独特性。观众可以通过这些电影了解到中国的历史、传统价值观和神话传说，加深对中国文化的理解和认知。

另一方面是因为中国动画电影在制作技术和艺术创意上取得了长足的进步。随着技术的不断发展和创新，中国的动画制作团队能够运用先进的计算机图形技术、特效技术和动画制作工艺，打造出精美绝伦的画面和惊人的视觉效果。这些作品展现出中国动画的技术实力和创作实力，为观众带来了视觉上的震撼和享受。

国际认可的获得也得益于中国政府的支持和鼓励。中国政府在推动文化产业发展方面给予了积极支持，通过资金投入、政策扶持和国际交流等方式推动中国动画电影的发展。政府的支持为中国动画电影提供了良好的环境和条件，促进了其艺术水平和市场影响力的提升。

总之，中国动画电影在国际上的认可是多方面因素共同作用的结果。其独特的文化元素、先进的制作技术以及政府的支持与鼓励都为中国动画电影赢得了国际观众的认可和喜爱。随着中国动画电影继续发展壮大，相信它们将在国际舞台上展现出更加耀眼的光芒。

（二）中国特效电影的艺术魅力

中国特效电影的魅力不仅在于其出色的制作水平和精彩的视觉效果，还在于其独特的文化元素和故事主题。中国特效电影在呈现视觉奇观的同时，常常融入中国传统文化、历史故事或神话传说，展现出独特的艺术风格和文化底蕴。

中国特效电影在展现中国传统文化方面具有独特优势。通过运用特效技术，它们能够将古老的传统元素与现代特效相结合，创造出富有中国特色的奇幻世界。这种融合既让观众感受到熟悉的文化符号和情感共鸣，也让世界观众更好地了解中国的文化传统。例如，《哪吒之魔童降世》中融入了中国神话故事，通过特效的展现，将观众带入了一个神奇而独特的世界。

此外，中国特效电影也在传递积极的价值观和情感体验方面发挥着重要作用。这些电影常常以英雄主义、家国情怀、友情和爱情等正能量主题为核心，通过特效场景的展现和角色的表演，激发观众的情感共鸣和情绪体验。观众能够从中感受到强烈的情感冲击和鼓舞，进而激发他们对于勇气、正义、团结等价值观的思考和追求。

中国特效电影的成功也为中国电影业带来了巨大的商业价值和国际影响力。这些电影在国内外票房取得了突出的成绩，为中国电影市场注入了新的活力。同时，它们通过国际电影节和国际市场的展示，吸引了世界观众的目光，推动了中国电影在国际舞台上的发展和交流。

（三）技术创新助力中国动画与特效电影崛起

中国动画和特效电影的崛起得益于技术的不断进步和创新。在中国电影工业的发展过程中，计算机图形技术和视觉效果起到了关键的推动作用。随着技术的不断进步，电影制作团队能够利用先进的制作工具和软件，创造出更加精美和逼真的动画和特效效果。

中国电影工业不断引入国际先进的技术和设备，将其与本土文化和故事进行有机结合。这种结合使中国动画和特效电影在技术上和艺术上都具有独特的特色。中国的文化底蕴深厚，包含丰富多样的传统元素和故事。电影制作团队通过运用先进的技术手段，将这些文化元素和故事背景融入动画和特效作品中，创造出独具中国特色的视觉盛宴和情感体验。

同时，中国电影工作者们积极探索和创新，不断挑战技术的边界。他们致力于发展本土的动画和特效技术，并在创作中融入独特的视觉语言和艺术风格。通过对技术的不断探索和创新，中国电影工作者们能够呈现更加精细、细腻和震撼的视觉效果，让观众沉浸在电影的奇幻世界中。

中国动画和特效电影以其独特的文化元素、精湛的制作水平和引人入胜的故事情节赢得了国内外观众的喜爱和认可。许多中国动画和特效电影在国内外的电影节上获得了重要奖项，取得了可喜的票房成绩。这些作品的成功不仅是技术进步的结果，也是中国电影工作者们不断追求创新和提高的成果。

随着技术的不断进步和创新，相信中国动画和特效电影将继续在国际舞台上展现出更加出色的成就。同时，中国电影工业将继续加大对技术研发和创新的投入力度，提升中国电影在全球范围内的竞争力和影响力。中国动画和特效电影的崛起不仅为观众带来了精彩纷呈的视觉盛宴，也为中国电影产业带来了全新的发展机遇。中国电影工业将继续致力于技术的创新和提升，进一步拓展动画和特效电影的创作领域，并加强国际合作与交流，与世界各地的电影工作者共同推动电影艺术的发展。

（四）政府支持助力中国动画与特效电影崛起

中国动画和特效电影的兴起得益于政府的大力支持和鼓励。中国政府高度重视文化产业的发展，将其视为经济增长和国家形象提升的重要领域之一。在动画和特效电影领域，政府通过一系列措施为电影制作公司和创作者提供了广泛的支持。

首先，政府为动画和特效电影提供了丰富的资金支持。通过设立专项资金和基金，政府鼓励和扶持优秀的动画和特效项目的制作和发展。这些资金用于项目的研发、制作、宣传和推广等各个环节，帮助行业中的企业和创作者解决资金压力，推动优质作品的创作和上映。

其次，政府实施了税收优惠政策，为动画和特效电影产业提供了经济上的支持。通过减免企业所得税、增值税和进口关税等税收政策，降低了制作成本，鼓励企业进行技术创新和投资。这些税收优惠政策为行业的发展创造了良好的经济环境，吸引了更多的资金和资源投入动画和特效电影的制作中。

此外，政府还出台了一系列政策扶持措施，鼓励和引导动画和特效电影的发展。例如，加强版权保护和知识产权保护，提高行业的创作积极性和创新能力；建立专业培训机构和人才培养项目，提升行业的人才素质和创作能力；加强国内外交流与合作，促进行业的国际化发展等。这些政策扶持措施为动画和特效电影的发展提供了全方位的支持，加强了行业内外的交流与合作。

政府的大力支持和鼓励为中国动画和特效电影产业注入了强大的动力和信心。这些措施不仅促进了作品的创作和推广，也提高了行业的整体水平和国际竞争力。中国的动画和特效电影在国内外取得了令人瞩目的成绩，不断赢得观众的喜爱和认可。

思考题

1. 在东亚电影文化中，各国的电影产业和市场发展存在差异吗？如果有，请列举一些例子，并解释其背后的原因。

2. 东亚电影的风格有何特点？它们在叙事、视觉表现和情感传递方面有何异同？

3. 中国电影的流行文化如何受到社会和文化因素的影响？举例说明中国电影如何反映社会变迁和文化价值观的转变。

4. 东亚电影在国际市场上的地位如何？它们如何在全球电影产业中发挥影响力？举例说明东亚电影如何吸引国际观众和获得国际认可。

5. 东亚电影文化中的跨文化交流和影响如何体现？举例说明不同东亚国家之间的电影交流和合作，以及它们对世界电影文化的贡献。

第五章　东亚汉字文化解析

第一节　"汉字"词源

汉字作为东亚地区最为广泛使用的书写系统，具有悠久的历史和丰富的文化内涵。它不仅是中国的文字，也曾是日本、韩国、越南等国家的主要书写系统。汉字的词源可以追溯到古代的象形文字，经过演变和发展，形成了独特而复杂的书写体系。

一、汉字的起源

汉字的起源可以追溯到古代的象形文字。古代人类在生活中通过观察和模仿自然界的事物，创造了象形符号来表达意义。这些象形符号最早出现在原始社会的器物和图腾上，如象征太阳的"日"、象征人的"人"等。随着社会的发展和交流的增多，人们对象形符号进行了抽象和简化，逐渐演变为更加抽象的符号，形成了最早的文字系统。

（一）象形文字

汉字作为中国传统文字的核心，其起源可以追溯到古代的象形文字。象形文字是通过观察和模仿自然界的事物，创造出具有形象符号的文字形式，以表达事物的意义和概念。

古代人类的生活环境主要依赖自然界，人们通过观察和模仿周围的事物，尝试将其形状和特征通过图画等形式进行表达。这种表达方式最早出现在人类的器物和图腾上，如陶器、石器、兽骨等。人们通过刻画和描绘器物的形态，尝试将物体的特征和代表的意义传达出来。

例如，在古代的象形文字中，可以找到许多与自然界和人类生活密切相关的象形符号。比如，人们通过描绘太阳的圆形、光线和射出的线条来表示太阳；用描绘动物的形象来表示不同的动物；通过描绘植物的形态和结构来表示不同的植物等。这些象形符号通过图像的直观性，能够直接与事物本身产生联系，使人们能够理解其代表的意义。

随着社会的发展和人类文明的进步，人们对象形文字进行了抽象和简化，逐渐形成了更为抽象和简练的符号系统。这种演变的过程也是对象形符号与语言表达的转化，使文字逐渐脱离了具体的形象，成为一种符号系统，能够表达更为抽象和复杂的概念。

在中国，象形文字的演变和发展经历了漫长的历史过程。最早的象形符号可以追溯到约公元前 5000 年的新石器时代晚期，如出土的龟甲、兽骨等器物上刻画的图案。随着农业的发展和社会的进步，人们开始使用象形文字来记录事物的数量、属性、仪式等。这些象形文字的使用逐渐形成了一种文字系统，成为古代中国人沟通和交流的工具。

随着时间的推移，象形文字逐渐演变为更加抽象和简化的形式。在商朝时期，出现了象征性的象形文字，如太阳的象形符号演变为日字，人的象形符号演变为人字等。这种象形文字的演变和简化，使文字的书写更加便捷和高效。

（二）表音文字

在汉字的起源阶段，它主要是通过象形符号来表示具体事物和概念。然而，随着社会的进步和人类思维的发展，单纯的象形符号已经无法满足人们对于更为抽象的概念和思想的表达需求。因此，汉字逐渐演变为表音文字，通过符号的组合和排列来表示更为抽象和复杂的词语和句子的意义。

汉字的演变过程中，经历了多次改革和规范化的尝试。在西周时期，大篆作为一种主要的字体形式出现，它的字形结构复杂、笔画繁多。然而，大篆的书写复杂度较高，难以应用于日常书写和阅读。为了解决这个问题，秦朝的始皇帝下令将不同地区使用的文字统一为一种标准的文字形式，即小篆。小篆是一种规范化的字体，字形结构更加规整、稳定，书写流畅。小篆的出现使汉字的书写更加统一，并为后来的汉字发展奠定了基础。

在汉代，汉字的书写形式逐渐丰富多样化。隶书是汉代晚期至西晋时期的一种文字形式，它的字形规范、稳定，用于官方文书和文献的书写。楷书是在隶书和行书之间演变而来的一种书体，它的字形规范、稳定，书写流畅，成为汉字书写的主要形式，并在后来的历史中广泛应用。

汉字的发展演变与社会和文化的变迁密切相关。汉字不仅是一种文字系统，它承载了丰富的历史、文化和思想内涵。汉字成为中国文化的重要组成部分，是中华民族文化的瑰宝。在汉字的演变过程中，汉字的形态和结构不断适应和反映了社会和文化的变化，它既反映了古代人们对于事物和概念的认知和表达方式，也承载了中国古代文化的智慧和价值观念。

（三）甲骨文的出现与演变

汉字的起源可以追溯到约公元前 14 世纪的商朝时期。当时的商朝人民使用的是一种被称为甲骨文的文字形式，它们通过在龟甲和兽骨上刻画符号来记录各种信息。这些刻画的符号就是最早的汉字。

甲骨文的产生与商朝时期的祭祀和占卜活动密切相关。商代人民相信神灵的存在，并通过占卜来预测吉凶、决策重要事务。为了记录占卜过程和结果，他们开始在龟甲和兽骨上刻画符号来表示具体的事物、人物和动作。这些符号包括人物形象、动物形象、器物形象以及一些抽象的符号。通过这些符号的组合和排列，人们可以表达出复杂的信息和意义。

甲骨文的字形比较繁复，文字的笔画复杂，符号的形状与实际事物有较强的象征关联。这种复杂性和象征性的特点反映了当时社会的文化和思维方式。商代社会注重祭祀和信仰活动，他们相信符号和形象可以代表一种特定的意义和力量。因此，甲骨文的发展和演变也受到了信仰和神秘主义的影响。

随着商朝的衰落和周朝的兴起，甲骨文逐渐发展演变为新的文字形式。其中，金文是商代晚期至西周时期的一种重要文字形式。相较于甲骨文，金文的字形更加规范，结构更加稳定。金文的发展与周朝王室的兴起和社会的统一有关。周王朝通过对甲骨文进行整理和规范，将其作为一种正式的书写形式，用于编写各种官方文书和礼仪记录。

随着周朝的兴起，金文逐渐转变为篆文。篆文是一种更加简洁、流畅的字体，字形结构更加规整和精细。它成了战国时期各国通用的文字形式，并在秦朝得到进一步的规范和统一。篆文的发展为后来的汉字演变奠定了基础，它不仅影响了汉字的字形和结构，还对汉字书法艺术和印章文化产生了深远影响。

随着历史的推进，汉字的书写形式不断发展。从篆文演变为隶书，隶书是秦朝至西晋时期的一种主要文字形式，它的字形规范、稳定，用于官方文书和文献的书写。楷书是在隶书和行书之间演变而来，它的字形更加规范、稳定，书写流畅，成为汉字书写的主要形式，并在后来的历史中广泛应用。

总的来说，汉字的起源可以追溯到商朝时期的甲骨文。随着时间的推移，汉字经历了甲骨文、金文、篆文、隶书和楷书等多个阶段的演变和发展。每个阶段都反映了当时社会、文化和技术背景的特点。汉字的形态和结构不断变化，既适应了社会发展的需求，也承载着丰富的历史、文化和思想内涵。

二、汉字的发展与演变

（一）金文与篆文时期

金文和篆文是汉字发展过程中的两个重要阶段，它们对后世的字形发展和书写规范起到了重要的影响。

金文是指商朝末年至西周早期的铜器铭文。在这个时期，由于商朝的衰落和周朝的兴起，社会秩序发生了巨大的变革。金文作为当时社会重要的文字表达方式，经历了商朝甲骨文的发展演化，呈现一定的规范性和统一性。相较于甲骨文，金文的字形更加规整、结构更加稳定，呈现一种独特的艺术风格。金文的字形复杂，笔画繁多，具有一定的装饰性，常出现在青铜器上，被用作铭文和纪念文字。金文的发展既为后来的字形演变奠定了基础，也为汉字书法艺术的发展提供了丰富的资源和启示。

篆文是在秦朝时期形成和发展起来的一种文字形式。秦朝统一中国后，为了加强统治和整合文字系统，秦始皇下令将不同地区使用的文字统一为一种标准的文字形式，即小篆。相较于金文，篆文的字形更加简洁，结构更加规整、紧凑。它的书写流畅，具有一定的方块状特点，被广泛应用于官方文件、文献和印章等领域。篆文的发展和推广，标志着汉字的书写形式进入了一个新的阶段。小篆的规范化和统一化，使汉字的书写更加标准和统一，为后来的字体演变提供了重要的基础。

金文和篆文的演变与社会、文化和技术的发展密切相关。金文的出现反映了商朝末期社会的变革和文化的繁荣，而篆文的形成与秦朝的统一和集权有着紧密的关联。这两个阶段的汉字发展，不仅是字形的演变，更是与政治、经济和文化的变迁相互交织的过程。金文和篆文的出现和发展，丰富了汉字的字体形式，使汉字具有了更加丰富的艺术表现力和文化内涵。

总的来说，金文和篆文是汉字发展演变过程中的重要里程碑，它们对后世字形的发展和书写规范产生了深远影响。

（二）隶书与楷书时期

隶书是汉代晚期至西晋时期的一种文字形式，它以简洁明快的笔画和规整的字形为特点。相较于篆文，隶书的字形更加规范、稳定，字形之间的结构和比例更加协调。隶书的笔画以直线和弯曲线条为基础，表现出一种平稳、匀称的书写风格。隶书的发展与汉朝时期的官方文书和官员考试有密切关系。为了提高文书的书写效率和准确性，汉朝开始进行文字的规范化和标准化，将隶书作为官方文书的书写形式。隶书的广泛应用使汉字的书写更加统一和规范。

隶书的发展也对后来的书法艺术产生了重要影响。隶书的简洁明快的字形和规整的结构为书法家提供了一个良好的参考和模板。随着隶书的发展，许多优秀的隶书篆刻家和书法家产生，留下了许多精美的隶书作品。这些作品不仅在书法艺术上具有重要价值，也为后来的楷书发展提供了丰富的资源和启示。

楷书是在隶书和行书之间演变而来的一种字体形式。楷书以规范、稳定和流畅的字形为特点，成为汉字书写的主要形式，并在后来的历史中广泛应用。相较于隶书，楷书的字形更加规范和规整，字形的结构更加统一和平衡。楷书的笔画流畅、书写稳定，具有一定的装饰性和艺术性。楷书的发展与汉代的文化繁荣和文人雅士的兴起有密切关系。汉代的文化和学术繁荣，使书法艺术得到了广泛的发展和推广。许多优秀的书法家在楷书创作方面取得了重要的成就，留下了许多经典的楷书作品。

隶书和楷书的发展不仅使汉字的字形逐渐规范化，也为后来的字体发展和书法艺术提供了重要的基础。隶书和楷书的出现和发展，标志着汉字书写形式的进一步统一和规范化。隶书的简洁明快的字形和规整的结构为后来楷书的形成奠定了基础。楷书在字形上更加规范、稳定，书写流畅，成为汉字书写的主要形式，并在后来的历史中广泛应用。

三、汉字的演变与东亚文化的关系

汉字的演变与东亚文化的发展密切相关，它承载着丰富的文化内涵，并成为东亚各国的共同符号和文化联系的纽带。

（一）文化交流与汉字传播

汉字的发展与演变不仅仅局限于中国，它随着中国的文化传播和交流逐渐传入周边国家。在东亚大部分地区，汉字都曾是主要的书写系统，并在不同程度上影响了这些国家的语言和文化。尽管这些国家发展了自己的独特文字，但汉字仍然在官方文件、书籍、古代文献和艺术作品中广泛应用。

首先，汉字的传播与中国古代文化的影响力密切相关。中国在古代是东亚地区的文化中心，中国的文化思想、哲学、文学等对周边国家产生了深远影响。随着中国的政治和经济势力扩大，汉字作为中国文化的代表，自然也随之传播到周边国家。中国的经典著作如《论语》《道德经》等被翻译成周边国家的文字，推广了汉字在东亚的使用。

其次，文化交流和贸易活动是汉字传播的重要媒介。在古代，东亚地区存在频繁的贸易和文化交流，这促进了汉字的传播。中国与周边国家的经济交往和文化交流使汉字成为一种通用的书写系统，方便了双方的交流和理解。例如，丝绸之路的开通为汉字的传播提供了便利，中国的文化、科技和艺术通过丝绸之路传播到中亚、西亚和东亚地区。

最后，汉字的使用源于学习需求和崇尚中国文化的趋势。周边国家对中国的文化和思想产生了浓厚的兴趣，他们希望学习中国的知识和思想，因此学习和使用汉字成为一种追求学问的方式。例如，在古代的朝鲜半岛和日本，学习汉字成为上层阶级和知识精英的象征，他们通过学习汉字来接触中国的文化、哲学和科技。

此外，汉字的传播也影响了周边国家的语言和文字系统的发展。周边国家根据自己的语言特点，逐渐对汉字进行了改编和演化，形成了独特的文字系统。例如，日本发展出了平假名和片假名，韩国发展出了韩文。这些文字系统保留了一部分汉字，但结合本国语言特点进行了改造和创新。汉字对这些文字系统的影响程度因国家和时期而异，但都承载着汉字在东亚地区的文化和历史遗产。

总的来说，汉字在东亚的传播是一种文化的传播和交流过程。汉字作为中国古代文明的重要组成部分，承载着丰富的历史、文化和思想内涵。它在东亚地区的传播不仅是文字的传播，更是中国文化的传播。通过与周边国家的交流和贸易活动，汉字逐渐传入这些国家，并在其文化和社会生活中发挥了重要的作用。

（二）汉字与东亚文化的共同符号

汉字在东亚的演变与各国的文化交流密不可分。通过与中国的贸易、政治和文化交往，周边国家接触并吸收了中国的文化和思想。汉字作为一种表音文字，不仅是一种书写系统，更是中国古代文化和智慧的载体。通过学习和使用汉字，周边国家吸收了中国的哲学思想、文学艺术和科学知识，融入自己的文化体系中。这种文化交流促进了汉字在东亚的传播和演变。

汉字在东亚各国的文化中具有共同的符号意义。汉字代表了东亚地区共同的价值观、思想体系和文化传统。许多重要的概念、价值观和思想都通过汉字进行表达和传承。例如，在儒家思想中，汉字代表了诸多核心价值观，如仁、义、礼、智等。这些字词在中国、日本、韩国等国家的文化中都具有重要的地位，是东亚地区共同的文化符号。

汉字也在东亚各国的语言和文学中发挥着重要作用。尽管周边国家发展了自己的独特文字系统，但汉字仍然在官方文件、文学作品、古代文献等领域中广泛使用。汉字的使用不仅是为了书写，更是为了表达文化和情感。许多东亚文学作品通过汉字的运用展现了深厚的东亚文化内涵。汉字的共同使用促进了东亚地区的文学交流和相互理解。

此外，汉字在东亚艺术和书法中也占据重要地位。汉字的字形和结构被视为艺术的表现对象，书法家通过运用不同的笔画和书写风格展示汉字的美感。东亚各国都有自己的书法艺术传统，但汉字仍然是书法艺术的核心。书法家通过书写汉字来表达情感、传递思想，并将汉字与艺术形式相结合，展示东亚地区的独特审美观和艺术风格。

（三）汉字与东亚艺术的结合

汉字与东亚艺术的结合是一个历史悠久且独特的现象。作为东亚地区共同的书写系统，汉字在艺术领域扮演着重要的角色，尤其是在书法艺术中。书法是通过运用笔墨和线条的变化来书写汉字，并以此表达出文字的美感和艺术价值。它不仅是一种文字的书写形式，更是一门深具美学和哲学内涵的艺术表达。

汉字书法的发展可以追溯到古代中国，经过漫长的历史积累和不断的创新，形成了多种书体和书写风格。在东亚地区，书法被广泛应用于绘画、篆刻和艺术创作中，成为一种独特的艺术形式。

首先，汉字书法在东亚绘画中的应用非常广泛。绘画是东亚艺术的重要组成部分，汉字书法的艺术价值与绘画相得益彰。在中国、日本、韩国等地，艺术家常常在绘画作品中运用汉字书法来表达情感、传递思想和营造意境。他们通过书写汉字，以及字体、笔画和布局的运用，展现出独特的艺术魅力和审美观。

其次，汉字书法在东亚篆刻艺术中占据重要地位。篆刻是以刻制石、木、金属等材料为媒介，以汉字为表现对象的艺术形式。在中国的篆刻艺术中，书法的技巧和风格得以充分发挥。篆刻家通过运用汉字书法的要素，如笔画的起伏、线条的粗细和字形的构造，刻制出精美绝伦的印章和作品。在日本的篆刻艺术中，汉字书法也影响了日本的印章文化和篆刻风格，形成了独特的日本篆刻艺术。

最后，汉字书法在东亚的艺术创作中常被用作装饰和设计的元素。艺术家和设计师通过运用汉字书法的形式美、韵律和线条感，将汉字融入绘画、雕塑、陶瓷、纺织品等艺术作品中，赋予作品独特的东方风格和艺术韵味。例如，在中国的传统绘画中，艺术家常常使用汉字书法的笔墨技法来勾勒山水、花鸟等形象，以达到意境的表达。在日本的传统陶瓷艺术中，汉字书法的字体和纹饰被运用于器物的装饰，使作品更加富有东方的审美特色。这种将汉字书法与艺术创作相结合的做法，不仅展示了汉字的美感和艺术价值，也体现了东亚地区的文化认同和创作精神。

（四）汉字与传统节日和庆典的关联

汉字与传统节日和庆典的关联不仅停留在表面的书写和装饰，更深层次地反映了东亚文化的价值观和思想体系。汉字作为一种表音文字，每个字形背后都蕴含着丰富的文化内涵和情感。在传统节日和庆典中使用汉字，不仅是一种传统的文化习俗，更是对传统文化的重视和传承。

首先，汉字与传统节日和庆典的关联体现了对家庭和社会团结的重视。在许多传统节日中，人们通过书写和展示汉字来表达对家人、亲友和社区的关爱和祝福。例如，在春节，人们会使用汉字书写对联和春联，其中的祝福语寓意着家庭的团圆、幸福和繁荣。这体现了东亚文化中家庭和社区团结的重要价值观，强调了亲情和友情的重要性。

其次，汉字与传统节日和庆典的关联体现了对传统文化和历史的尊重。汉字作为中国古代文化的重要组成部分，承载着丰富的历史、哲学和文学内涵。在传统节日和庆典中使用汉字，人们传承了古代文化的智慧和传统的价值观念。例如，在中秋节，人们会使用汉字书写祝福语和月饼的名称，这体现了对古代文学作品和传统节日的敬意和热爱。

最后，汉字与传统节日和庆典的关联体现了对自然和宇宙的崇敬。在东亚的传统节日中，人们通过书写和展示汉字来表达对自然、宇宙和自然界力量的敬畏和感恩之情。例如，在端午节，人们会使用汉字书写有关龙、舟和粽子的名称和祝福语，这体现了对自然力量和传统神话的崇敬。这种崇敬自然的思想与汉字所代表的东亚文化的观念相契合。

汉字与传统节日和庆典的关联不仅体现了东亚文化的特点和价值观，也加深了东亚各国之间的文化交流和互动。通过共同的书写系统和文化符号，东亚各国在传统节日和庆典中建立了一种共同的文化认同和情感联系。人们通过汉字的使用，跨越了语言和国界的限制，共同分享和庆祝东亚地区的传统文化。这种文化交流和互动促进了东亚各国之间的相互理解和友好关系。

汉字在传统节日和庆典中的运用也丰富了节日的仪式和活动。在汉字的书写和装饰中，人们注入了对传统价值观和美好祝愿的情感和思考。例如，在中秋节的庆祝活动中，人们会制作精美的月饼，并在月饼上雕刻汉字的图案，这不仅增添了节日的艺术性，也传达了对团圆和祝福的情感。通过汉字的运用，传统节日和庆典得以更加深入的传承和演绎。

此外，汉字与传统节日和庆典的关联也为文化教育和传统价值观的传承提供了平台。通过学习和使用汉字，年青一代能够更好地理解和接受传统文化的内涵和精髓。在传统节日和庆典中，人们会举行书法比赛、诗词朗诵和传统乐曲演奏等活动，以汉字为媒介，传递着传统文化的智慧和情感。这不仅有助于传统文化的传承，也培养了年青一代对传统文化的兴趣和认同。

总的来说，汉字与传统节日和庆典的关联反映了东亚地区文化的多样性和共同性。

汉字作为一种共同的书写系统，承载了丰富的文化内涵和情感，与传统节日和庆典相互交融，共同塑造了东亚地区的传统文化形象。通过汉字的使用，人们传承和弘扬了传统文化的智慧和价值观念，加深了东亚各国之间的文化交流和相互理解，促进了东亚地区的和谐与发展。

（五）汉字与文化符号的传承

汉字作为东亚地区的共同符号，与文化的传承密切相关。它承载着丰富的文化内涵，反映了东亚地区的历史、思想和价值观。汉字的演变与东亚文化的发展相互影响，共同构建了东亚地区独特的文化体系。

首先，汉字作为文化符号传承着东亚地区的历史记忆。汉字的起源可以追溯到古代中国，它记录了中国悠久的历史和文明。随着中国的政治和文化影响力的扩大，汉字逐渐传播到周边地区，并成为东亚地区的主要书写系统。通过汉字的使用和发展，东亚地区的各个国家承载着自己的历史记忆，将汉字作为文化符号传承下来。

其次，汉字作为文化符号体现了东亚地区的思想和哲学。汉字不仅是一种文字，更是一种思想的表达和传递工具。在汉字的字义和构造中，蕴含着丰富的哲学思想和文化观念。例如，"道"字代表了道家哲学的核心概念，"仁"字体现了儒家思想的价值观。这些汉字成为东亚地区思想体系的基石，通过汉字的使用，东亚地区的各个国家传承和发展了自己独特的思想文化。

最后，汉字作为文化符号承载着东亚地区的艺术传统。书法艺术是汉字的重要表现形式，通过墨笔的运用和线条的变化，书法家能够展现出汉字的美感和艺术价值。东亚地区的书法艺术以汉字为媒介，通过不同的书写风格和技法，体现了东亚地区独特的审美观念和艺术风格。通过书写汉字，艺术家能够表达情感、传递思想，并创造出独具东亚特色的艺术作品。

为了保护和传承汉字的独特价值，东亚地区的国家和社会采取了一系列措施。例如，各国加强了对汉字教育的重视，推动汉字的学习和应用。同时，通过举办书法比赛、文化节庆和艺术展览等活动，加强了对汉字文化的宣传和推广。这些举措有助于激发人们对汉字文化的兴趣和热爱，推动汉字在东亚地区的传承和发展。

总的来说，汉字作为东亚地区的共同符号，与文化的传承紧密相连。它承载着丰富的文化内涵和历史记忆，体现了东亚地区的思想、艺术和价值观。通过汉字的使用和传承，东亚各国在文化交流和互动中建立了联系和共识，共同构建了东亚地区独特的文化体系。为了保护和传承汉字的独特价值，东亚地区的国家和社会需要共同努力，推动汉字在东亚文化中的传承和发展。

第二节　汉字在东亚的传播

最早，汉字的传播主要是通过中国与周边地区的接触和交流实现的。在古代，中国与朝鲜、日本等周边国家存在经济、政治和文化的往来。这些国家受到中国的影响，学习和借用了汉字作为自己的书写系统。这种传播方式主要是通过文化的辐射和邻国的学习，逐渐在周边地区建立起汉字的使用和传承。

一、汉字在朝鲜半岛的传播

（一）汉字在古代朝鲜的使用和传播

在古代，朝鲜半岛与中国保持着频繁的交流和往来，这促进了汉字在该地区的传播。公元前2世纪，随着中国秦朝对朝鲜半岛的统一，汉字作为官方文字被引入朝鲜半岛，被称为古代朝鲜文字。这一时期的朝鲜文字直接借用了中国汉字的形状和结构，用于书写官方文书、政治文件、历史记录以及文化和教育活动。

汉字的传入对古代朝鲜的政治和文化体系产生了深远影响。汉字的使用使朝鲜半岛的统治阶层能够与中国进行有效的交流和沟通。朝鲜王朝的君主和官员都需要学习汉字，以便理解和应对中国的政治和文化事务。同时，汉字在官方文书和历史记录中的应用，也加强了朝鲜半岛与中国的联系和认同。

此外，汉字在古代朝鲜的教育领域起到了重要作用。学习汉字成了贵族子弟和士人的基本要求。朝鲜半岛建立了专门的教育体系，培养了一批精通汉字的学者和官员。这些学者通过研读中国的经典文献、哲学著作和历史记载，为朝鲜半岛的文化和思想发展做出了重要贡献。

然而，随着时间的推移，朝鲜半岛逐渐发展出了自己的文字系统——韩文。在15世纪后期，韩文逐渐取代汉字成了朝鲜半岛的主要书写系统。韩文的发展使人们更加方便地表达朝鲜语言和文化，而汉字的使用范围逐渐减少。

（二）汉字在现代韩国的地位和应用

尽管韩文已经取代了汉字成为朝鲜半岛的主要书写系统，但汉字仍然在韩国的文化和教育领域中占有重要地位。现代韩国人在学校教育中学习汉字，并将其作为了解中国文化和汲取知识的重要工具。汉字学习在韩国教育体系中占据着重要的位置，学生们需要学习汉字的基本知识和使用技巧。通过汉字学习，他们能够扩大自己的词汇量，理解汉字代表的文化内涵，并能够阅读和理解中国的经典文学和哲学作品。

汉字的学习不仅是为了语言能力的培养，也有助于学生理解和传承韩国的文化传统。许多古代文献、历史记录和经典作品使用汉字书写，如《三国志》《东国正韩记》等，这些作品对于研究韩国历史和文化具有重要意义。通过学习汉字，学生们能够直接接触到这些重要的文化遗产，从中汲取智慧和启发。

此外，汉字在韩国的文学、历史和艺术领域也发挥着重要的作用。许多现代韩国作家和诗人在创作中使用汉字，通过汉字的表达和叙述，使作品更加丰富和深邃。在书法艺术领域，汉字仍然是重要的创作媒介。书法家通过运用汉字的线条和结构，创造出独特的艺术作品，传承和发展了汉字书法的艺术传统。

汉字的学习也为韩国与中国的交流和合作提供了桥梁。汉字是中、韩两国共同的文化符号，通过共同的书写系统，两国人民能够更好地理解对方的语言和文化。这促进了中韩两国在教育、文化、经济和科技等领域的交流与合作。汉字的学习成了促进中韩友好关系和文化交流的重要纽带。

二、汉字在日本的传播

日本是另一个重要的汉字传播地区。早在公元前 5 世纪，日本就开始从中国引进汉字。在古代，日本的官方文书和文化教育中广泛使用汉字，这被称为"和文"。后来，日本发展出了自己的文字系统——平假名和片假名，但汉字仍然在日本的日常生活、文化和文学领域中被广泛使用。学习汉字成为日本教育的重要内容之一。

（一）汉字传入日本

汉字传入日本的过程可以追溯到公元前 5 世纪。当时，日本与中国的交流与接触不断增加，中国文化对日本产生了深远的影响。在这一时期，日本开始引进汉字，并将其应用于政治、官方文书、历史记录和文学作品等领域。

在古代日本的政治机构中，汉字被广泛使用。例如，日本的官方文书和政府文件几乎完全使用汉字进行书写。汉字成为政府机构的正式表达方式，用于记录国家政策、法律规定和行政事务。同时，历史记录依赖汉字的书写，包括编纂和记载国家和地方的历史事件、皇室家谱、战争记录等。这些汉字文献成为了解古代日本政治和历史的重要资料。

汉字在日本的文学领域也发挥了重要作用。许多经典的文学作品使用汉字进行书写，这些作品被视为日本文学的瑰宝。例如，《万叶集》是古代日本最早的诗歌集，收录了大量使用汉字书写的诗歌，展现了古代日本人民的生活、感情和思想。另一个重要的作品是《源氏物语》，它是一部描写平安时代贵族生活的长篇小说，其中使用了丰富的汉字词汇。

一方面，汉字的引入对日本的文化和思想产生了深远影响。通过学习汉字，日本人民获得了中国古代文化和哲学的知识。许多重要的哲学思想和信仰教义被翻译成汉字，并在日本得到传播。佛教、儒教和道教等中国的信仰思想通过汉字的传播，渗透到日本的信仰和思想体系中。

另一方面，汉字的传入促进了日本与中国的交流与合作。通过共同的汉字书写系统，日本与中国之间的文化交流更加顺畅。汉字成了跨越语言障碍的桥梁，促进了两国在教育、文化、经济和科技等领域的合作与交流。汉字的学习成了日本教育体系的重要组成部分，帮助学生们了解中国的文化、历史和思想。在日本的学校教育中，汉字学习始于小学阶段，并持续到高中和大学阶段。学生们通过学习汉字，掌握汉字的基本知识、发音和书写技巧。他们学习汉字的构造和意义，培养对汉字文化的兴趣和理解。

（二）平假名和片假名的发展

随着日本的发展和独特文化的形成，日本逐渐发展出了自己的文字系统——平假名（ひらがな）和片假名（カタカナ）。这两种假名字母系统由汉字演变而来，用于表示日本语的发音和语法。平假名和片假名相对简化和方便，特别适合于日本语的表达和书写。它们的发展使日本人能够更加方便地书写自己的语言，并且更加准确地表示发音。

平假名主要用于书写日本语的日常词汇和语法单元。它的字形柔和、圆润，具有一定的笔画变化。平假名的发展可以追溯到奈良时代（710—794 年），当时平假名的字形受到了汉字的影响，但经过演变逐渐形成了独特的日本风格。在现代日本，平假名被广泛用于书写词汇、文章、儿童读物、日常通信和广告等。

片假名主要用于表示外来语、科学术语、人名、地名和特定的音节。它的字形较为角锐，笔画相对简单，更加方便于印刷和排版。片假名的发展可以追溯到平安时代（794—1192 年），当时它主要用于表示汉字的假名读音。随着时间的推移，片假名逐渐演化成独立的字母系统，并在现代日本的写作和印刷中得到广泛应用。

总的来说，尽管平假名和片假名在日本的日常生活和书写中占据重要地位，汉字仍然在日本的文化、教育和艺术领域中扮演着重要的角色。汉字的学习不仅有助于学生的语言能力和文化理解，也为日本与中国的交流和合作提供了桥梁。汉字的传播与日本的文化发展密切相关，对于日本人民的文化认同和文化交流具有重要意义。通过学习汉字，日本人民能够深入了解中国的历史、文化、哲学和艺术，促进了两国之间的相互理解与尊重。

思考题

1. 汉字的词源与演变对于理解其文化内涵有何重要意义？

2. 汉字在东亚地区的传播过程中，有哪些因素影响了其广泛应用和接受？

3. 东亚汉字的使用在不同国家和地区是否存在差异？若存在差异，是什么因素导致的？

4. 汉字在东亚地区的使用对于文化传承和身份认同有何影响？

5. 在当代社会，随着科技的发展，汉字的使用是否受到了挑战？如何平衡传统文化与现代科技的需求？

请注意，这些思考题旨在促使你思考和讨论东亚文字文化的相关议题，你可以根据自己的知识和观点进行回答和探讨。

第六章　东亚传统生活文化解析

第一节　饮食文化

饮食文化是东亚传统生活文化中的重要组成部分，涵盖了中国、日本、韩国等地区的饮食习惯、烹饪技艺、饮食礼仪，以及与饮食相关的价值观念。

一、饮食习惯

东亚地区的饮食习惯体现了对食物的独特偏好和选择。在中国，主食通常是米饭，而在日本和韩国以米饭和面食为主。此外，东亚地区的饮食习惯注重食物的新鲜和健康，强调保持平衡饮食和调理身体。

（一）主食的重要性

在东亚地区的饮食习惯中，主食的地位非常重要。主食通常是稻谷、小麦或其他谷物制成的食物，如米饭、面条、馒头等。这些主食是人们饮食中的主要能量来源，提供身体所需的碳水化合物和膳食纤维。虽然主食的选择和烹饪方法因地区而异，但它们都在东亚人民的日常生活中扮演着重要的角色。

（二）多样化的蔬菜和水果

东亚地区的饮食习惯强调蔬菜和水果的摄入。蔬菜在饮食中占据重要位置，常被用来制作各种菜肴、汤和炒菜。蔬菜的选择丰富多样，包括青菜、豆类、根茎类等。此外，水果也被广泛食用，如苹果、梨、桃子、草莓等。东亚人民注重膳食的平衡和营养摄入，通过蔬菜和水果的摄入来增加维生素、矿物质和膳食纤维的摄取量。

（三）营养均衡和食物搭配

东亚地区的饮食习惯注重饮食的营养均衡和食物搭配。在中餐中，通常会将主食、蛋白质食物（如肉类、鱼类和豆制品）、蔬菜和汤一同摆放在餐桌上，确保各种营养素的摄入。此外，食物的烹调方式也非常注重保留食物的原汁原味和营养价值，常采用清蒸、炖煮或炒、炸等传统烹饪方式。

（四）尊重食材的原味和季节性

东亚地区的饮食习惯注重尊重食材的原味和季节性。人们会选择新鲜的食材，并尽量保持其原本的味道和口感。尊重食材的原味是东亚饮食文化的重要方面，人们追求简单而纯粹的烹饪方式，以突出食材的鲜美。例如，在日本的料理中，生鱼片和寿司等传统菜肴强调食材的新鲜度和原汁原味，以保留海鲜的鲜美和口感。此外，东亚地区的饮食习惯还注重食材的季节性，即根据不同季节选择当地丰富的食材，以追求天然的滋味和营养价值。

总的来说，东亚地区的饮食习惯强调食物的新鲜、健康和平衡，注重主食、蔬菜和水果的摄入，并尊重食材的原味和季节性。此外，礼仪和共享的饮食文化也是东亚人民重要的价值观。通过饮食习惯的传承和发展，人们既保持了健康的生活方式，也传承和弘扬了东亚地区丰富多样的饮食文化。

二、烹饪技艺

东亚地区以其独特的烹饪技艺而闻名于世。中国的烹饪技艺包括炒、煮、蒸、炸、烤等多种烹调方式，注重食物的色、香、味、形。日本的料理强调食材的原汁原味，强调简约和细腻的烹调技艺。韩国的烹饪注重调味料的运用，烹饪过程中注重酱汁和辛辣调料的使用。

（一）中国的烹饪技艺

中国的烹饪技艺除了有以上几种常见的烹调方式，还包括炖、腌、烧、烩、炝、炸、煎、熏、爆、烩、拌等多种独特的烹饪技艺。这些技艺经过千百年的发展和传承，形成了丰富多样的中国菜系。

中国的菜系包括川菜、鲁菜、粤菜、苏菜、闽菜、湘菜等多个地方菜系。每个地方菜系都各有特色。例如，川菜以其麻辣味和川香味而著称，鲁菜注重原汁原味和独特的烹饪技艺，粤菜以清淡、鲜美的口味和精美的刀工而闻名。

中国的烹饪技艺不仅注重食材的选择和烹调技巧，还注重食物的色、香、味、形的协调。在中国烹饪中，食物的色彩、香气、口感和形状都是影响人们食欲的重要因素，因此烹饪师傅注重菜品的整体美感和视觉效果。

此外，中国的烹饪技艺还注重食物的营养平衡和健康搭配。中国人讲究饮食的平衡和调理，注重五谷杂粮、蔬菜水果、肉类蛋白和豆类的搭配，追求饮食的多样性和均衡性。在中国，人们相信食物对身体健康的影响，因此在烹饪过程中注重选择新鲜、天然的食材，避免使用过多的调味料和添加剂。

总的来说，中国的烹饪技艺凝聚了历史的沉淀和文化的传承。中国人民对食物的热爱和独特的烹饪技艺使中国的饮食文化在世界范围内享有盛誉。通过烹饪，中国人不仅满足了口腹之欲，更传承了文化和传统，体现了对食物的敬重和对生活的热爱。

（二）日本的烹饪技艺

日本的烹饪技艺不仅以其精致、细腻和追求原汁原味而闻名于世，更以此征服了全世界的食客。无论是和食、刺身还是寿司、烧烤等，人们的味蕾都能得到全方位满足。

1. 和食

和食是日本传统的饮食文化，注重食材的原汁原味和平衡的营养。和食强调季节性的食材搭配、色彩的协调以及精致的摆盘艺术，体现了日本人对食物的敬重和对自然的感激之情。

2. 刺身

刺身是日本烹饪中的一项重要技艺，是指生鱼片。在制作刺身时，需要选用新鲜的鱼类，切成薄片，并搭配酱油、芥末等调料享用。刺身注重鱼肉的鲜美和口感，同时追求食材的原始味道。

3. 寿司

寿司是日本烹饪的代表性技艺之一，是指将醋饭与各种海鲜或其他食材相结合的传统美食。寿司注重食材的新鲜和质地的平衡，搭配适当的调味料，以保持食材的原汁原味。

4. 烧烤

烧烤是日本烹饪中一种常见的技艺，通过将肉类、海鲜或蔬菜穿在竹扦上，然后在炭火上烤熟。烧烤技艺注重火候的控制，以保持食材的嫩滑和口感，同时搭配适当的调味料提升风味。

5. 烧饭

日本人对于米饭的烹饪非常讲究。他们使用特殊的炊饭锅和精确的水米比例，将米饭煮得香软可口。烧饭的技艺在于掌握火候和水分的平衡，使米饭口感饱满、粒粒分明。

总的来说，日本的烹饪技艺注重食材的原汁原味和精致的烹调技巧。通过精心的处理和精确的调味，他们能够将食材的天然美味最大限度地呈现出来。日本的烹饪文化不仅满足人们对美食的口腹之欲，更是一种艺术的体现，展示了日本人对食物的敬重和对生活的热爱。

（三）韩国的烹饪技艺

韩国的烹饪技艺以其丰富多样的调味料和独特的烹饪方法而著称。可以说，每一个烹饪环节都有独特的技巧和要求，让人们在品尝美食的同时，能够体验独特的文化和传统。

1. 韩式烧烤

韩式烧烤是韩国烹饪中最受欢迎的技艺之一。通过将切成薄片的肉类在火上烤熟，然后搭配蔬菜、调味料和蘸酱享用。烧烤时注重食材的鲜嫩和独特的烤香味，同时配以适当的蘸酱提升口感。

2. 泡菜

泡菜是韩国烹饪的代表性菜品之一。通过将蔬菜如白菜、萝卜等与辣椒粉、盐和其他调味料一起腌制而成。泡菜注重发酵过程中的调味料的使用和发酵时间的掌握，使其具有独特的酸辣味和咸香味。

3. 石锅拌饭

石锅拌饭是一道由米饭、蔬菜、肉类、酱料等组成的传统韩国菜品。通过将各种食材放入炒熟的石锅中，然后搅拌均匀，使米饭与其他食材充分混合。石锅拌饭注重食材的新鲜和均衡搭配，同时在石锅上的烹饪使其具有独特的香气和口感。

4. 辣椒酱

辣椒酱是韩国烹饪中常用的调味料之一。它由辣椒粉、大豆酱、大米粉和其他调味料制成。辣椒酱在韩国烹饪中起到了重要的调味和提鲜的作用，赋予了韩国菜特有的辣味和酱香味。

5. 炖菜

炖菜是韩国烹饪中一种常见的菜肴，通过将各种食材与调味料一起炖煮而成。韩国的炖菜通常具有浓厚的味道和丰富的口感，适合在寒冷的冬季享用。常见的炖菜包括豆腐炖鸡蛋、辣白菜炖豆腐等。炖菜的关键在于调味料的使用和烹煮时间的掌握，以保持食材的鲜嫩和味道的浓郁。

三、饮食礼仪

东亚地区的饮食礼仪是文化传统的重要组成部分。例如，在中国，人们在餐桌上常常注重尊重长辈和年长者，遵循特定的就座次序和用餐礼仪。日本的饮食礼仪强调清洁、安静和尊重，如使用筷子时要注意不发出噪声。韩国的饮食礼仪强调共享和团体意识，如烧烤时大家一起分享食物。

（一）中国的饮食礼仪

中国的饮食礼仪是丰富而多样的，反映了中国传统文化的深厚底蕴和人们对饮食的重视。中国饮食礼仪主要表现为以下几个方面。

1. 就座次序

在正式的饮食场合中，中国人通常注重就座次序的安排。长辈和年长者坐在主位，晚辈或年幼者坐在次位。这种座次的安排体现了对长辈的尊重和传统的家族观念。此外，就座时要保持庄重，不喧哗和搅扰其他人。

2. 使用筷子

筷子是中国人常用的餐具，使用筷子时也有一些规范和礼仪。例如，应该用右手持筷，不可将筷子竖立在饭碗中，不可用筷子敲击碗或盘子，不可用筷子指向他人等。此外，筷子不可乱扔，要放置在餐具或筷子架上，以表示整洁和尊重。

3. 点菜和用餐顺序

在中国的宴会或正式场合中，点菜和用餐通常按照一定的顺序进行。一般来说，会先点凉菜、汤品或小吃，接着是热菜、主菜和饭食，最后是水果或甜点。这种顺序的安排既考虑到了菜肴口味的变化，也展示了主人对客人的热情和款待。在用餐时，也要注意等待长辈或主人开始用餐后才开始进食。

4. 用餐姿势

在中国，用餐时应该保持优雅和文明的姿势。坐姿要端正，不可搭脚或摆弄筷子。用餐时要慢慢咀嚼食物，不可大声咀嚼或发出噪声。同时，要尊重他人的用餐空间，不要争抢食物或影响其他人的用餐。

5. 敬酒和交流

在中国的宴会或正式场合中，敬酒是一种重要的礼仪。主人通常会向客人敬酒，而客人也可以回敬一杯。敬酒时要起立，将酒杯稍微倾斜，以表示敬意。此外，交流时要注意用语文雅，不要谈论敏感或不合适的话题，尊重他人的观点和感受。

6. 尊重食物

在中国的饮食礼仪中，人们也非常注重对食物的尊重和珍惜。不浪费食物是一项重要的准则。在用餐时，应适量取食，不过量盛菜，避免剩余太多食物。同时，对待食物要心存感激和敬畏之心，不可挑食或嘲笑他人的食物选择。

总的来说，中国的饮食礼仪注重尊重他人、注重家族和社交关系、注重对食物的尊重和珍惜。通过遵循这些礼仪规范，人们能够在用餐时表现出文明、文雅的风度，增进人际关系，传承和弘扬中国传统文化。

（二）日本的饮食礼仪

日本的饮食礼仪以其细致、谦虚和注重细节的特点而闻名，具体表现为以下几个方面。

1. 餐具摆放和布局

在日本的饮食礼仪中，餐具的摆放和布局是有一定规范的。通常，餐具会按照一定的次序摆放在餐桌上，例如，筷子放在右边，饭碗放在最前方，汤碗放在右上方。这种摆放顺序既考虑到美观，也方便用餐时的操作。

2. 用餐姿态和动作

日本人注重用餐时的姿态和动作。他们会坐得笔直而端庄，保持优雅的用餐姿态。用餐时，会将餐具慢慢拿起，小口小口地品尝食物，并避免发出噪声。用餐时的动作应该轻柔、细致，以体现对食物的尊重和对他人的注意。

3. 共享和尊重

日本的饮食礼仪强调共享和团体意识。在一些场合，人们会共同分享一盘菜或一个锅，通过共同食用的方式增进人与人之间的关系。在用餐时，要尊重他人，不抢夺食物，不将筷子直接传递给他人，而是放在餐盘或餐垫上，由他人自行取用。

4. 清洁和整理

日本的饮食礼仪非常注重清洁和整理。用餐结束后，人们会将餐具整理得井井有条，将碗、盘、筷子等放回原处。这种行为体现了对环境的尊重和对他人劳动的感激之情。

5. 茶道和樱花赏

除了日常饮食礼仪，日本还有一些特殊的饮食仪式。例如，茶道是日本传统的茶艺仪式，强调谦逊、平和与和谐。樱花赏则是一种在樱花盛开时进行的户外聚餐活动，人们在赏花的同时享用食物和饮品，感受大自然的美丽。

总的来说，日本的饮食礼仪注重清洁、安静和尊重，通过遵守这些规范，人们能够展现对食物、他人和环境的敬意。这种饮食礼仪不仅是一种行为准则，更是日本文化中传承的价值观和生活哲学。

（三）韩国的饮食礼仪

韩国的饮食礼仪注重共享和团体意识，具体表现为以下几个方面。

1. 共享食物

韩国人传统上在餐桌上共享食物，这体现了韩国人强调团结和互助的价值观。一般来说，大家会围坐在一个烧烤桌前，共同品尝各种烤肉、炒菜和泡菜等美食。在家庭聚餐或朋友间的聚会中，人们会将各种菜肴放在中央，大家一起夹取食物，享受共同品尝的乐趣。

2. 就餐顺序

在韩国的饮食礼仪中，就餐顺序也有一定的规定。通常是先享用汤类、小菜和泡菜，然后品尝主菜和米饭。这种就餐顺序体现了对食物的平衡和谐，同时尊重食物的不同口味和饱腹感。此外，在就餐过程中，还要注意不要过早离开餐桌，以表示对共享和团体凝聚力的尊重。

3. 使用筷子和汤匙

韩国的饮食礼仪中，人们通常同时使用筷子和汤匙。筷子主要用于夹取食物，而汤匙用于喝汤和吃米饭。在使用筷子时，要注意不要将筷子插在米饭中，这被视为不吉利的行为。同时，要注意使用筷子时不要发出噪声，避免碰撞碗碟或其他筷子，以展现对食物和他人的尊重。在使用汤匙时，要保持端庄的姿态，将汤匙慢慢送入口中，不要将整个汤匙放入口中。

4. 餐具的使用和摆放

韩国的饮食礼仪中，餐具的使用和摆放也受到一定的重视。在用餐前，人们会将餐具整齐摆放在餐桌上。使用餐具时，要使用适当的力度和姿态，避免过度用力或摔落餐具。用餐结束后，餐具应该被整理放置在原位，以展现对食物和餐桌整洁的尊重。

5. 礼貌和交流

在韩国的饮食礼仪中，人们注重彼此之间的礼貌和交流。在用餐过程中，要注意保持安静和谦虚，尊重他人的用餐体验。当他人夹取食物时，要示意允许，并表达感谢之意。同时，韩国人习惯用餐时交流，分享食物的味道和烹饪的技巧，以增进人与人之间的亲密关系。

总的来说，韩国的饮食礼仪注重共享和团体意识，强调彼此之间的尊重与和谐。通过遵循这些礼仪规范，人们能够增进人际关系，体现对食物和他人的敬意，并营造一个愉悦的用餐氛围。

四、饮食价值观念

东亚地区的饮食文化中存在着一些共同的价值观念。例如，对于食物的珍惜和节约，人们通常将剩余食物保存或再利用。此外，对于食物的健康和营养价值也非常重视，追求饮食的平衡和营养均衡。

（一）中国的饮食价值观念

中国的饮食价值观念主要体现为以下几个方面。

1. 食物的珍惜和节约

中国人注重对食物的珍惜和节约，这是深深扎根于传统文化中的价值观。中国人通常将剩余食物保存或再利用，以避免浪费。这种珍惜和节约的态度也体现了对劳动的尊重和对资源的合理利用。

2. 饮食的平衡和营养均衡

中国人注重饮食的平衡和营养均衡，追求各种食材的搭配和比例。中医理论认为，食物对身体健康至关重要。根据中医的观点，不同食物具有不同的性味和功效，通过合理的搭配和摄入，可以达到平衡和营养均衡。例如，传统的饮食观念认为五谷为养、五果为助、五畜为益，强调各种食材的平衡摄入，以满足身体的营养需求。

3. 食物的新鲜和健康

中国人注重食物的新鲜和健康。他们倾向于选择当季的食材和采用新鲜的制作方法。人们追求食物的原汁原味，避免过度加工和使用过多的调味品。中国的传统烹饪方法强调保持食材的天然风味和营养价值，通过简单的烹调方式展现食材的精髓。此外，人们也关注食物的健康性，倾向于选择低脂肪、低盐、低糖的食物，以维持身体的健康和平衡。

4. 社交和人情味

中国的饮食文化中，饮食被视为一种社交和人情味的表达。人们经常通过邀请亲友共进美食来增进人际关系和友谊。在宴会或特殊场合中，人们会精心准备各种美食，以表示对来宾的尊重和热情款待。中国的饭局常常充满欢声笑语，人们喜欢分享美食，共同品尝和交流。在这种社交场合中，食物不仅是满足口腹之欲的工具，更是人们之间情感交流和社交互动的媒介。

5. 传统文化的影响

中国的饮食价值观念深受传统文化的影响。中国传统的儒家思想强调仁爱、礼仪和道德规范，这些观念也渗透到饮食文化中。人们通过对食物的珍惜和节约，体现了对他人的关爱和对社会资源的尊重。同时，中国的道家思想提倡与自然的和谐共处，饮食中注重与自然的连接，追求食物的原始与自然。

6. 健康养生的重要性

中国文化中，健康养生一直被视为重要的价值观念。人们相信食物与健康密切相关，饮食习惯可以影响身体的平衡和健康。因此，人们注重选择营养丰富、健康的食材，并通过烹饪技巧和烹调方法来保留食物的营养价值。此外，中国的饮食文化中也有许多与养生相关的传统食材和食谱，如中草药、粥类食品和绿茶等。

总的来说，中国的饮食价值观念强调食物的珍惜和节约、饮食的平衡和营养均衡、食物的新鲜和健康、社交和人情味，以及传统文化和健康养生的重要性。这些价值观念在中国人的日常饮食生活中扮演着重要的角色，不仅影响着饮食选择和烹饪方式，也体现了人们对食物的尊重和对身体健康的关注。

（二）日本的饮食价值观念

日本的饮食价值观念主要体现为以下几个方面。

1. 食物的原汁原味

日本人注重食物的原汁原味，他们追求食材的新鲜和质地的纯粹。无论是海鲜、蔬菜还是肉类，他们尽量保持食材的自然味道和口感。在烹饪过程中，日本人尽量减少对食物的加工和调味，以便让食材本身的美味得到最大限度的展现。

2. 简约和细腻

日本的饮食文化以其简约和细腻而闻名。无论是食物的准备还是摆盘，日本人追求简洁、精致的美感。他们注重菜肴的色彩搭配、摆盘的艺术性，以及食物与器皿的和谐统一。通过细致的烹饪技巧和精心的摆盘，他们创造出令人赏心悦目的用餐体验。

3. 季节性和地域性

日本人非常注重食材的季节性和地域性。他们根据不同季节的变化选择当季的食材，以追求食物的鲜美和营养。同时，不同地域的特色食材和烹饪方法备受重视，体现了地域文化的多样性和丰富性。这种关注季节性和地域性的价值观念也使日本的食物更加丰富多样。

4. 尊重和谦逊

日本人在饮食中表现出对食物、他人和环境的尊重和谦逊态度。他们对待食物时保持谦虚和感激之心，将食物视为一种珍贵的礼物。在餐桌上，人们常常用温和的语言和细致的举止来表达对他人的尊重和关心。这种尊重和谦逊的态度也体现在对待食材的态度上，他们将每一份食物都视为珍贵的馈赠，不会轻易浪费或妄加批评。

五、饮食文化的传承与变迁

东亚饮食文化在历史长河中经历了传承与变迁。传统的烹饪技艺和食材的运用经过世代相传，积累了丰富的经验和智慧。然而，随着社会的变迁和现代化的影响，东亚饮食文化也不断演变和融合。现代化的工业化生产和全球化的食品交流使东亚地区的饮食文化面临新的挑战和变化。

（一）传统饮食文化的传承

东亚地区的传统饮食文化有着深厚的历史根基，许多烹饪技艺和食材的使用方法经过世代相传。这些传统的烹饪技艺和饮食习惯代代相传，成为东亚人民的文化遗产。例如，中国的烹饪技艺包括炒、煮、蒸、炸、烤等多种烹调方式，日本的料理强调食材的原汁原味和简约，韩国的烹饪注重调味料的运用和共享食物的文化。这些传统的饮食文化在家庭、社区和宴会等场合中得到继承和保护。

1. 中国的传统饮食文化传承

中国的传统饮食文化源远流长，拥有丰富多样的烹饪技艺和食材运用。在中国的家庭和社区中，家族的烹饪秘方和传统的烹调方法被代代相传。家庭中的长辈常常担任传统烹饪技艺的传承者，他们将自己的经验和知识传授给后代。此外，中国的烹饪学院和烹饪培训机构也扮演了重要的角色，通过培养专业厨师和烹饪师傅，传承和发扬传统的烹饪技艺。

中国还通过举办各种食物文化节日和活动来传承和弘扬传统饮食文化。例如，农历新年期间的年夜饭和元宵节的汤圆、清明节的踏青、端午节的粽子、中秋节的月饼等节日食物成为中国人民的传统习俗，人们通过制作和分享这些食物来传承和庆祝传统节日。此外，一些地方性的食物节和美食展览也为人们提供了解和体验传统饮食文化的机会。

另外，中国还积极推动传统饮食文化的保护与传承。国家层面出台了一系列政策和法规，以保护传统食物和烹饪技艺的知识产权，鼓励研究和记录传统饮食文化的历史和技艺。此外，一些非政府组织和社区团体也开展了相关的保护与传承活动，如举办传统烹饪比赛、组织食物文化讲座和培训等，以传承和弘扬传统饮食文化。

2. 日本的传统饮食文化传承

日本的传统饮食文化以其简约、细腻和追求原汁原味而闻名。日本人注重将传统饮食文化传承给下一代。在家庭中，长辈会传授烹饪技巧、食材的选择和处理方法给年青一代，以确保传统的烹饪方法和口味得以保留。家族经营的餐馆和料理店也是传承日本传统饮食文化的重要场所，他们世代经营，将独特的烹饪技艺和食材运用传承给后代。

此外，日本政府和社会各界也非常重视传统饮食文化的保护与传承。政府设立了一系列机构和组织，致力于保护和推广传统的日本料理。例如，日本料理协会负责认证和培训料理师，确保他们能够准确传承和展示传统料理的精髓。此外，日本的食品博物馆、食物文化研究中心等机构也开展了相关的研究和展览活动，以促进传统饮食文化的传承和推广。

3. 韩国的传统饮食文化传承

韩国的传统饮食文化传承具有浓厚的家庭和社区色彩。在家庭中，长辈会将自己的烹饪经验和技巧传授给年青一代，确保传统食谱和烹饪方法得以延续。韩国家庭中的饭菜制作常常是一种共同的家庭活动，家庭成员共同参与并学习烹饪技巧。此外，一些传统的烹饪技艺和食材的制作方法会在家族中世代相传，成为家族独有的秘方。

韩国政府和社会也非常注重传统饮食文化的传承。政府设立了相关机构和组织，致力于保护和推广韩国的传统饮食文化。韩国料理学院和烹饪培训机构提供专业的培训课程，培养和传承传统饮食文化的厨师和烹饪师傅。此外，政府还举办各种食物文化节和美食展览，以推广韩国传统食物和烹饪技艺。

4. 饮食文化传承的挑战

尽管东亚地区的传统饮食文化在一定程度上得到了传承，但是面临一些挑战和变化。现代化的生活方式、全球化的食品交流和消费习惯的改变等因素对传统饮食文化产生了影响。

首先，现代化的生活方式导致了人们对快餐和外卖等便捷食品的需求增加。快节奏的生活使人们更加依赖便捷和方便的饮食选择，而传统的烹饪方法和食材的使用需要更多的时间和精力。这导致年青一代对传统饮食文化的了解和传承减少。

其次，全球化的食品交流和消费习惯的改变带来了对外来饮食文化的影响。西方快餐、咖啡文化等的引入，以及亚洲其他国家的美食的流行，使人们对传统饮食文化产生了新的选择和偏好。这种文化的交融和变革使东亚地区的饮食文化面临对传统的重新思考和调整。

最后，农村人口的减少和城市化进程的加速也对传统饮食文化的传承带来了一定的影响。农村地区的农耕文化和传统的饮食方式逐渐受到城市化的冲击，年青一代更多地选择离开农村寻找城市就业机会。这导致传统饮食文化的传承面临人才流失和文化断层的风险。

为了应对这些挑战，东亚地区的国家和社会采取了一系列措施来促进传统饮食文化的传承和发展。政府加强对传统饮食文化的保护和支持，通过立法、政策和经济投资等方式，鼓励人们传承和发展传统饮食文化。此外，教育机构和社区组织也开展相关的培训和宣传活动，提高人们对传统饮食文化的认知水平。

同时，通过传统饮食文化的创新和融合，可以使其与现代生活方式相结合，满足人们多样化的需求。例如，一些餐厅和厨师将传统的烹饪技艺与现代创意相结合，推出创新的菜肴和餐饮概念，以激发年青一代的兴趣。这种创新不仅保留了传统饮食文化的精髓，还满足了现代消费者对多样性、健康和便利的需求。

此外，社交媒体和网络平台也为传统饮食文化的传承和推广提供了新的机会。人们可以通过博客、视频分享、社交媒体等渠道，展示和传播传统饮食文化的知识和魅力，吸引更多人的关注和参与。

总的来说，尽管东亚地区的传统饮食文化在传承过程中面临一些挑战，但是有着积极的变革和创新。通过政府的支持、教育的推广、社会的参与以及创新的实践，可以实现传统饮食文化的传承与发展，让其在现代社会中绽放新的光彩，成为东亚地区文化遗产的重要组成部分。

（二）社会变迁对饮食文化的影响

随着社会的变迁和现代化的影响，东亚地区的饮食文化也发生了一系列变化。城市化、工业化和全球化的进程带来了新的生活方式和饮食习惯。人们的工作压力增加，时间紧张，导致饮食方式的改变。快餐、外卖和加工食品的流行改变了人们的饮食习惯和选择。此外，西方饮食文化的影响也对东亚地区的饮食产生了一定的影响，如西式餐厅、咖啡馆和西方食材的引入。

1. 城市化和工业化

随着城市化和工业化的快速发展，东亚地区的人口越来越多地聚集在城市中，工作时间长、生活快节奏，这对饮食习惯产生了影响。人们往往更倾向于选择方便、快捷的餐饮方式，如快餐、外卖和加工食品。这些食品提供了快速的解决方案，满足了现代人快节奏生活的需求。

2. 西方饮食文化的影响

全球化的进程带来了西方饮食文化的影响，西式餐厅、咖啡馆和西方食材逐渐进入东亚地区。人们开始尝试西方风味的菜肴，并将其融入自己的饮食中。这种跨文化的影响使饮食选择更加多样化，同时促进了饮食文化的交流和融合。

3. 饮食习惯的改变

饮食习惯也随着社会变迁而发生了变化。以前，东亚地区的人们习惯以家庭为单位共进餐食，强调共享和团体意识。然而，现代社会的个人化和独立性增强，越来越多的人选择独自用餐或在外就餐。这种变化不仅改变了人们的用餐方式，也对家庭和社会关系产生了影响。

4. 饮食观念的转变

随着健康意识的增强，人们对饮食的要求也发生了变化。越来越多的人开始关注食物的营养价值和健康影响。有机食品、素食和健康饮食逐渐受到重视，人们更加注重食材的质量、新鲜度和健康性。这种转变推动了更加平衡、多样化的饮食选择，并促进了健康饮食观念的传播。

5. 传统饮食文化的保护与推广

尽管现代社会的变迁对东亚地区的饮食文化产生了一定的冲击，但人们意识到传统饮食文化的重要性，并积极进行保护和推广。

保护和传承传统饮食文化需要社会各界的共同努力。政府、教育机构、文化组织和个人都可以发挥作用。通过教育和宣传活动，加强对传统饮食文化的认知和理解。促进农业可持续发展，支持本地农产品的生产和销售。鼓励餐饮业主推出传统饮食的菜单和推广活动，让更多人能够体验和享受传统饮食的魅力。

总的来说，社会变迁和现代化对东亚地区的饮食文化产生了影响，但传统饮食文化的传承与保护仍然具有重要意义。通过传承和推广传统饮食文化，可以维护文化多样性、促进健康饮食观念和增强社会凝聚力。

（三）文化融合与创新

尽管面临新的挑战和变化，但是东亚地区的饮食文化依然保持着特色，并展现出文化融合与创新的力量。人们开始关注健康、营养和生态环保的饮食方式，追求有机食品、本地食材和传统食谱的复兴。此外，东亚地区的饮食文化也积极与其他文化进行交流和融合，形成了新的饮食风格。

1. 跨文化交流与借鉴

随着全球化的推动，东亚地区的饮食文化与其他地区的饮食文化进行了广泛的交流与借鉴。移民、旅游和国际的文化交流促使不同饮食文化之间的相互影响和互动。这种跨文化的交流不仅丰富了东亚饮食的多样性，也为当地的饮食文化带来了新的元素和创新。例如，中国的饮食文化中融入了泰国的辣椒、墨西哥的玉米饼等元素，形成了独具特色的融合菜肴。

2. 西方饮食文化的影响

西方饮食文化对东亚地区的饮食习惯和菜肴产生了显著的影响。西方餐厅、快餐连锁店和咖啡文化逐渐在东亚地区兴起，带来了西式菜肴和烹饪方式。例如，汉堡、比萨、咖啡等西方食品成为东亚地区年轻人喜爱的饮食选择之一。此外，西方的烹饪技术和调味品也对当地的饮食文化产生了影响，推动了新的烹饪风格和创新。

3. 本土食材与传统食谱的复兴

在面对全球化和现代化的冲击时，东亚地区开始重新审视本土食材和传统食谱的价值，并进行保护和复兴。人们对本土食材的特性和优势有了更深入的了解，并开始重视其在饮食文化中的重要性。本土食材的使用不仅满足了当地人的口味需求，也强调了地域文化的独特性。传统食谱的复兴也成了一种文化回归的方式，通过传统的烹饪方法和配方，保留了历史和文化的记忆。

4. 健康和环保的关注

随着现代人对健康和环境的关注不断增加，东亚地区的饮食文化也开始注重健康和环保的因素。人们更加关注食物的营养价值、天然原料和有机食品的选择。有机农业和可持续农业的发展得到推动，以减少对环境的负面影响。人们开始更加关注食物的品质和来源，追求新鲜、天然和无添加的食材。在饮食文化中，健康饮食观念得到普及，包括平衡的营养摄入、少量多样、适度运动等。

5. 文化保护与传承

尽管现代社会的变迁对东亚地区的饮食文化产生了一定冲击，但人们也意识到传统饮食文化的重要性，并积极进行保护和推广。许多东亚国家和地区设立了传统食品保护区或遗产保护名录，以确保传统食物的原汁原味得以保留。同时，一些机构和组织致力于研究和推广传统饮食文化，通过收集和整理传统食谱、记录口述历史和传统烹饪技艺等方式，保存和传承传统饮食的智慧和技术。通过出版书籍、举办烹饪培训和文化交流活动等途径，将传统饮食文化传播给更多的人。

6. 创新与创造力

东亚地区的饮食文化也展现出创新和创造力的一面。厨师们通过将传统与现代相结合，创造出独特而精致的菜肴。他们不仅注重食物的味道，还注重色、香、味、形的平衡和视觉的享受。餐饮业者在提供美食的同时，注重餐饮环境和服务的创新，打造出与食物相呼应的餐饮体验。此外，科技的进步也为饮食文化的创新带来了新的可能性，如智能厨房设备、在线菜谱分享和食品配送服务等，使饮食变得更加便捷和多样化。

总的来说，东亚地区的饮食文化在传承与变迁中展现出文化融合与创新的力量。跨文化交流和借鉴丰富了饮食的多样性，使东亚地区的饮食更加丰富多元。同时，健康和环保意识的增加使人们更加注重食物的质量和营养价值，追求有机食品和天然食材，推动了可持续农业和环保饮食的发展。此外，文化保护与传承的努力确保了传统饮食文化的延续，通过设立保护区和遗产名录，保存和传承传统食物的独特性。同时，创新与创造力的发挥使东亚饮食文化保持活力，厨师们通过融合传统与现代的元素，创造出独特的菜肴，并注重提供与食物相呼应的餐饮体验。

（四）饮食文化的保护与传统知识的重视

随着全球化的影响，对于保护和传承传统饮食文化的意识也日益增强。东亚各国开始重视保护本国的传统饮食文化，认识到其作为文化遗产的重要性。政府和相关组织推动传统饮食文化的保护与传承，包括设立文化节日、举办食物展览和培训传统厨师等活动。此外，对于传统饮食文化的研究和记录也得到了重视，以便将其传承给后代。

1. 政府支持与立法保护

东亚各国的政府重视传统饮食文化的保护与传承，意识到其对国家文化认同和旅游业的重要性。政府通过设立文化节日、食物展览和传统食品保护区等方式来促进传统饮食文化的保护与传承。此外，一些国家还制定相关法律和政策，保护传统食品的命名、生产工艺和原产地标识，以确保其地理标志的合法使用和保护。

2. 文化节日与展览活动

为了推广传统饮食文化，东亚地区举办各种文化节日和展览活动。这些活动提供了一个平台，让人们了解和体验传统饮食文化。例如，中国的春节和中秋节等传统节日中，人们会准备特色的传统食物，传承饮食习俗和庆祝传统节日。此外，一些地区还举办食物展览，展示传统食材和烹饪技艺，吸引游客和民众参观。

3. 培训传统厨师与烹饪技艺

为了传承传统饮食文化中的烹饪技艺和知识，东亚地区开始重视培训传统厨师。相关机构和学校提供培训课程，教授传统烹饪技艺、食材运用和菜肴搭配等知识。通过培养专业的传统厨师，可以确保传统饮食文化中独特的烹饪技艺能够得到传承和发展。

4. 研究和记录传统知识

为了确保传统饮食文化的传承，东亚地区的学者和研究机构开始致力于研究和记录传统知识。他们收集和整理传统食谱、口述历史和烹饪技艺等资料，以确保这些宝贵的知识不会失传。同时，他们开展相关研究，深入了解传统饮食文化的历史、地域和文化背景。通过研究传统知识，人们可以更好地理解传统饮食文化的价值和特点，并将其传承给后代。

5. 教育与宣传

教育是传承传统饮食文化的重要途径。学校和教育机构开始将传统饮食文化纳入教育课程，向学生传授相关知识和技能。通过教育，年青一代能够更好地了解、尊重和传承传统饮食文化。此外，宣传活动也起到了重要的推广作用，通过媒体、网络和社交平台等渠道，向公众传递传统饮食文化的魅力和价值，提高人们对其的认知和关注度。

6. 社区参与传统实践

社区的参与对于传承传统饮食文化至关重要。社区可以组织传统烹饪工作坊、美食节和食材采摘活动等，让居民亲身参与传统饮食文化的实践。这样的活动不仅促进了社区凝聚力和文化认同，也激发了人们对传统饮食的兴趣和热爱。

传统饮食文化的保护与传承是一项长期而持久的任务。除了上述措施，个人的努力和家庭的传统实践也起到关键作用。人们可以从家族长辈那里学习传统的烹饪技艺和食材运用，将其传承给下一代。同时，饮食文化的保护与传承需要与其他领域的文化保护和可持续发展相结合，促进农业可持续发展，支持本地农产品的生产和销售。

东亚地区的饮食文化保护与传统知识重视体现了人们对传统饮食文化的珍视和尊重。通过政府支持、文化节日、传统厨师培训、研究记录、教育宣传、社区参与和家庭传统实践等多种方式，人们致力于保护、传承和创新东亚的饮食文化，以确保其能够在现代社会中持续发展和传承给后代。

（五）饮食文化的商业化与全球化

随着全球化的推进，东亚地区的饮食文化受到商业化和全球化的力量的影响。传统的餐饮业逐渐面临竞争和改变，出现了更多的国际连锁餐饮品牌和快餐业态。同时，东亚地区的特色食物和烹饪技艺也逐渐走向世界舞台，成为国际美食文化的一部分。这种商业化和全球化的影响既带来了经济机会，也带来了文化认同的挑战，需要平衡传统与现代、本土与国际的关系。

1. 商业化对餐饮业的影响

商业化的推动使餐饮业在东亚地区迅速发展，出现了更多的餐厅、咖啡馆、快餐店和连锁餐饮品牌。这些商业化的餐饮企业以其标准化的服务、高效的经营模式和广泛的营销策略吸引了大量消费者。商业化的影响使传统餐饮业面临竞争压力，一些传统的小吃摊位和家庭经营的餐馆不得不适应市场需求进行改变，追求效益和规模化经营。

2. 全球化对饮食文化的传播

随着全球化的进程，东亚地区的饮食文化开始走向世界舞台，成为国际美食文化的一部分。各种东亚特色的食物如寿司、韩国烧烤、中餐等在世界各地的餐厅和食品市场中广泛流行。东亚的烹饪技艺、调味料和食材也得到了全球范围内的关注和使用。全球化促进了东亚饮食文化的传播和交流，为东亚地区的饮食产业带来了经济机会和发展潜力。

3. 文化认同与挑战

尽管商业化和全球化为东亚地区的饮食文化带来了经济利益，但也带来了文化认同的挑战。商业化的餐饮业态可能导致传统的烹饪技艺和食材的丧失，因为商业化追求效率和标准化，往往减少了烹饪的复杂性和独特性。此外，全球化的食品交流也可能导致文化同质化，一些地方特色的食物可能被国际化的美食标准替代，影响当地饮食文化的多样性。

总的来说，商业化和全球化对东亚饮食文化产生了深远影响，既带来了经济机会，也带来了文化认同的挑战。东亚地区需要寻求传统与现代、本土与国际之间的平衡，保护和传承传统饮食文化的同时，创新融合传统与现代、本土与国际的元素，以促进东亚饮食文化的可持续发展和繁荣。这样的平衡可以使东亚地区的饮食文化在商业化和全球化的浪潮中保持其独特性和多样性，同时为经济、文化和社会发展带来持久的益处。

第二节　生活文化

东亚传统生活文化是指东亚地区（包括中国、日本、韩国等国家）历史悠久的生活方式、价值观和传统习俗。这种文化在东亚地区具有深厚的根源，并对当地人民的日常生活产生了重要的影响。

一、中国的传统生活文化

（一）家庭观念和家族传承

在中国传统生活文化中，家庭观念和家族传承被视为至高无上的价值。家庭在中国社会中被视为社会的基本单位，占有极其重要的地位。家庭不仅是人们生活的场所，更是传承血脉、传统文化和道德价值观的重要载体。

在中国的传统观念中，尊重长辈和孝敬父母是家庭伦理的核心。孝道是中国文化的重要组成部分，强调子女对父母的尊重、关心和照顾。孝敬父母被视为儿女的天职，是一种道德和社会责任。子女应尽力照顾年迈的父母,并尊重他们的意见和决策。

除了孝道,中国的家庭观念还强调家族传承和家族荣誉的重要性。在中国传统文化中,家族的延续和传承是一项重大使命。尤其在农村地区,家族观念非常强烈,家族的传统、家训和家谱被认为是宝贵的财富。传统的家族仪式和祭祀活动被用来纪念祖先、弘扬家族的荣耀,并加强家族成员之间的凝聚力。

家庭观念在中国的社会结构中也有深刻的影响。中国传统社会注重尊卑有序的家族关系,家族的长辈享有权威和尊重,年幼的成员则需顺从和尊敬。这种关系在家庭内部建立了明确的等级和责任分工,强调家庭成员之间的互助和亲情纽带。

此外,中国的传统生活文化中还包括许多与家庭相关的传统习俗和节日。例如,春节是中国最重要的传统节日,家人团聚、互赠礼物、共享美食是春节庆祝活动的重要内容。中秋节是另一个重要的家庭节日,家人会聚在一起观赏月亮、赏月、吃月饼,象征着团圆和家庭的美好。

总的来说,中国的传统生活文化以家庭观念、婚姻家庭、亲戚关系、社会和人际关系、友情和礼仪等为核心,构成了中国人民日常生活方式和价值观的重要组成部分。这些传统观念和习俗的影响在现代社会中仍然存在,尽管在现代化和全球化的背景下,但中国社会也面临一系列的变革和挑战。然而,传统的家庭观念、亲情关系、友情和社会和谐的追求仍然深深植根于中国人民的心中,并对个人和社会产生了深远的影响。

(二)社会等级和秩序

中国传统社会注重尊重长辈、尊崇师长和尊重权威,这反映了对社会等级和秩序的关注。

中国传统社会的等级制度基于家族观念和尊卑有序的原则。在家庭内部,长辈被视为家族的权威,年长者享有尊重和权力。在社会生活中,人们也按照年龄、地位和职业等因素来确定彼此之间的地位和身份。尊重长辈和尊崇师长是中国文化中的重要价值观,体现了对智慧和经验的敬重。

中国的传统礼仪准则也是维护社会等级和秩序的重要手段。中国传统文化强调人与人之间的和谐相处和互敬互让。在人际交往中,人们遵循一系列的礼仪规范,如问候礼节、用餐礼仪、谦虚谨慎等,以表达对他人的尊重和关心。礼仪的遵守有助于维持社会秩序和人际关系的和谐。

此外,中国传统社会注重家族的荣誉和声望,这也影响着社会等级和秩序的维护。家族的荣誉被认为是家族成员的共同责任和使命。人们通过家族的成就、贡献和声望来衡量一个人的地位和身份。因此,家族观念的传承和维护对于社会等级和秩序的稳定具有重要意义。

中国传统生活文化中的社会等级和秩序的关注，旨在维护社会的稳定和团结。社会等级的存在有助于确立秩序、规范人们的行为和凝聚社会力量。尊重长辈和权威，遵守礼仪规范以及维护家族的荣誉都是传统生活文化中的核心价值观，旨在实现社会的和谐与稳定。

然而，随着现代社会的发展和全球化的影响，中国社会也面临新的挑战和变革。现代社会的多元化和个性化趋势使传统的社会等级和秩序面临新的调整和适应。在新的社会环境中，人们更加强调平等、个人自由和多元化的权利。

（三）传统节日和庆典

中国传统生活文化中的传统节日和庆典是人们生活的重要组成部分，它们承载着丰富的文化内涵和历史传统。

1. 春节

春节又称中国的新年，是中国最重要的传统节日。它通常在农历正月初一庆祝，持续十五天，以庆祝新年的到来和迎接春天的到来。人们会进行丰富多彩的庆祝活动，如放鞭炮、舞龙舞狮、观赏烟花、贴对联、给红包等。家人会团聚在一起，共同享受丰盛的年夜饭，并进行拜年访亲、互赠红包等传统习俗。

2. 清明节

清明节是中国传统的祭祖和扫墓节日，通常在公历4月4日至6日变动，以4月5日最为常见。这一节日是人们缅怀祖先、祭拜墓地的重要时刻。人们会前往祖先的坟墓，烧纸祭奠，整理墓地，并表达对逝去亲人的思念和敬意。此外，清明节也是春游的好时机，人们会踏青郊游，欣赏春天的美景。

3. 端午节

端午节是纪念中国古代爱国诗人屈原的传统节日，通常在农历五月初五祝祷。这一节日以吃粽子和赛龙舟为特色。人们会包粽子，以红枸杞、红豆、糯米等食材为馅料，用粽叶裹好，蒸煮而成。同时，赛龙舟比赛也是端午节的传统活动，人们组成队伍划龙舟，以纪念屈原的爱国精神。

4. 中秋节

中秋节是庆祝丰收和团圆的传统节日，通常在农历八月十五庆祝。这一节日以赏月和吃月饼为主要特色。人们会欣赏明亮的圆月，赏月时还会进行一些传统的民间活动，如月下跳广场舞、猜灯谜等。中秋节还有一个重要的传统食品，即月饼，人们会互赠月饼以表达团圆和祝福。除了赏月和吃月饼，中秋节还有其他丰富多样的庆祝活动，如舞狮舞龙、击鼓传花、提灯游行等，这些活动都体现了人们对团圆和幸福生活的向往。

5. 元宵节

元宵节是中国农历正月十五，也是春节之后的第一个月圆之夜。这一节日以猜灯谜、观赏花灯和吃元宵为主要特色。人们会在这一天赏花灯，灯笼上绘制着各种吉祥的图案，充满了节日的气氛。此外，猜灯谜也是元宵节的传统活动，人们在花灯上挂上谜语，让大家猜谜语，猜对的人可以获得小奖品。吃元宵也是这一节日的重要习俗，元宵通常由糯米制成，有各种不同的馅料，如花生、豆沙等。

除了这些主要的传统节日，中国还有许多其他的庆典活动。例如，寿宴是庆祝长寿的传统盛会，人们会举办盛大的宴会，祝贺老人家健康长寿。婚礼也是一个重要的庆典活动，人们会举行盛大的婚礼仪式，邀请亲朋好友共同见证和祝福新人的婚姻。

这些传统节日和庆典活动不仅丰富了中国人民的生活，也是传统文化的重要组成部分。它们弘扬着中华民族的优秀传统，传承着世代相传的文化价值观和情感纽带。在现代社会中，虽然生活方式和价值观发生了变化，但这些传统节日和庆典仍然深受人们喜爱，成了联系人与人之间情感和加强社会凝聚力的重要方式。

（四）书法、绘画和音乐

中国传统生活文化中，艺术形式如书法、绘画和音乐等扮演着重要的角色。中国书法是一种独特的艺术形式，以汉字为基础，注重笔墨和意境的表达。绘画和音乐也在中国文化中占据重要地位，中国传统绘画注重表现意境和气韵，音乐以古琴、笛子、京剧等形式丰富多样。

书法是用毛笔书写汉字，并通过墨迹的运笔、排列和布局来表达思想和情感。中国书法追求笔墨的韵味和意境的抒发，强调书写的动势和节奏，注重字形的造型和线条的流动。书法被视为一种修身养性的方式，有助于培养人的精神境界和审美情趣。书法作品常被用作装饰、赠送和收藏，成为传统文化的一种重要表达方式。

绘画在中国传统文化中也占有重要地位。中国传统绘画以山水画、花鸟画和人物画为主要形式，注重表现意境和气韵。山水画追求自然山水的写意和墨色的流动，通过勾勒线条和墨渍的运用来表现山川和水流的神韵。花鸟画则通过细腻的笔触和色彩的运用来描绘花朵、鸟类和昆虫，展示自然界的生机和美感。人物画注重人物形象的塑造和情感的表达，通过线条和色彩的运用来展示人物的精神面貌和社会角色。绘画在中国传统生活中常被用作装饰、艺术欣赏和传递文化价值观。

音乐是中国传统文化的重要组成部分，具有悠久的历史和丰富的形式。中国传统音乐以古琴、笛子、二胡等乐器为代表，注重音律的韵味和情感的抒发。古琴是中国最古老的弹拨乐器之一，以其悠扬的音色和独特的演奏方式闻名。笛子则是一种管乐器，具有独特的音域和表现力。此外，京剧作为中国传统戏曲音乐的代表，融合了音乐、唱腔、舞蹈和表演，以其独特的艺术形式和富有表现力的声腔而受到广泛赞赏。

总之，这些艺术形式不仅在中国传统生活中扮演着重要角色，而且深刻影响了中国人民的审美观念和文化认同。它们不仅是一种艺术表达形式，还是传承历史、传播价值观念和表达情感的重要途径。

二、日本的传统生活文化

（一）和谐与平衡

日本文化强调和谐、平衡和整体性，体现在生活中的各个方面。人们注重礼节与尊重：日本文化非常注重礼节和尊重他人。人们遵循着一套严格的社交规范，尊重长辈和上级，表达谦逊和谦和的态度。礼仪和尊重他人的价值观在日本的日常生活中得到广泛应用，包括商务交往、家庭聚会和社交场合。

1. 人们注重平等和公正

在日本文化中，人们重视平等和公正的原则。无论是在家庭、学校、工作场所还是社会中，人们都努力追求平等的待遇和公正的决策。这种价值观反映了日本社会的努力追求社会公平和平等机会的愿望。

2. 注重整体和协作

日本文化强调整体性和协作。人们被教导要为整个团体利益着想，而不仅仅是个人的利益。这种团队合作的价值观在家庭、学校、工作场所以及社会各个层面都得到强调。人们被鼓励以团队为单位共同努力，追求共同的目标，并相互支持和合作。

3. 追求自我控制和节制

日本文化强调自我控制和节制的原则。人们被教导要克制自己的欲望，保持内心的平静和镇定。这种自我控制的价值观体现在饮食习惯、礼仪规范、言谈举止等方面。人们注重保持自己的情绪稳定，并尽量避免过度表达自己的个人感受。

4. 尊重自然与环境

日本文化中存在着一种深厚的自然崇拜和环境保护的传统。人们尊重自然的力量，注重与自然和谐相处。这体现在日本的传统建筑风格、庭园设计以及节日和仪式上。人们通过参观花园、登山和欣赏樱花等活动，与大自然亲近，并表达对自然的敬畏之情。

5. 继承传统与现代化的平衡

日本社会面临传统文化与现代化的平衡。尽管现代化的力量不断影响着日本社会，但人们仍然重视传统文化的传承和保护。传统的礼仪、艺术形式、庆典和习俗仍然在日本社会中得到重视和实践。人们尝试在现代生活中找到传统文化与现代化的平衡点，以确保文化传统的延续和发展。

（二）茶道和花道

茶道（茶道具茶和香）也称茶艺或茶宗，是日本独特的传统艺术形式。它不仅是一种饮茶的过程，更是一种精神修行和文化体验。茶道注重仪式、平和、自我控制和尊重。

在茶道中，每一个细节都是重要的，从准备茶具、烧开水、准备茶叶到沏茶和品茗，每个步骤都有着特定的仪式和动作。茶道追求平和与自我控制，通过净化心灵、减去杂念和专注于当下来实现内心的宁静和平静。在茶道的仪式中，主持人（茶人）和来宾之间通过一系列的礼仪和互动来传递尊重和感激之情。茶道的目的不仅在于品尝茶叶的味道，更在于营造一种精神上的共鸣和和谐。

花道（生花插花）也称华道或茶花道，是日本传统的插花艺术形式。它强调自然、简洁和一瞬间的美感。花道通过将鲜花、树枝和其他植物材料进行巧妙的摆放和组合，创造出独特的美学效果。花道注重对自然界的敬畏和感激，追求与自然的和谐共生。

花道的核心理念是"活物在花道，花道在人"。它强调人与自然的相互关系和依存关系。花道艺术家在挑选和摆放花材时，注重与自然材料的对话和互动。花道的插花过程强调自然的形态、色彩和节奏，同时注重空间的利用和平衡。花道的美学追求简约、静谧和一瞬间的美感，通过独特的艺术手法，营造出富有意境和情感的作品。

总的来说，茶道和花道在日本传统生活中扮演着重要的角色。它们不仅是一种艺术表达，更是日本人对自然、平和与尊重的追求的体现。通过参与茶道和花道的活动，人们可以在忙碌的生活中寻找内心的宁静和平衡，培养修身养性的品质，并感受到与自然和谐相处的美好。茶道和花道的实践不仅局限于专业艺术家，普通人也可以参与其中，体验其中的文化和精神内涵，感受到和谐与平衡的美妙。

（三）和服与传统服饰

和服是日本的传统服装，也是一种精美而庄重的艺术形式。它是日本古代文化和传统生活方式的象征，具有悠久的历史和丰富的文化内涵。

和服的设计精致而复杂，它包括着装元素如衣领、袖口、腰带和襦袢等。每一个细节都经过精心设计，旨在展示穿着者的身份、地位和个性。和服通常使用丝绸、棉布或麻布等高质量的织物制成，这些织物以其光泽、质地和图案的精美而受到赞赏。和服的图案多样，可以是传统的花卉、动植物、云纹和几何图案等，每一种图案都具有特定的象征意义和文化内涵。

和服的系带方式也是其独特之处。和服的系带方式称为"带子"，通过将带子固定在腰部，调整系带的松紧度和位置，可以改变和服的外观和穿着方式。每一种系带方式都有其特定的名称和使用场合，如"前带""后带""蝶结带"等。和服的系带需要经过长时间的训练和经验才能掌握，因此和服的穿着也被视为一种艺术和技能。

虽然在现代社会，和服的穿着已经相对较少，但在特殊场合如传统婚礼、节日庆典和茶道仪式上，人们仍然会选择穿着和服来表达对传统文化的尊重和崇敬。和服的穿着被认为是一种庄重、庄重和庄重的礼仪，展示穿着者的身份和地位，同时传递出一种对传统价值观和文化传统的认同。

除了和服，日本还有其他的传统服饰形式。例如，男性的传统服饰包括"袴"（一种宽松的裤子）、"襦袢"（一种类似于上衣的衣物）和"袴带"（系在腰部的带子）。女性的传统服饰除了和服，还包括"振袖"（一种长袖礼服）和"带子衣"（一种系在腰部的上衣）。这些传统服饰在特定场合如传统婚礼、舞蹈表演和庆典中得到使用，并展现日本独特的文化和美学。

传统服饰的穿着不仅是一种装束，更是一种对传统价值观、文化认同和身份认同的表达。它们承载着丰富的历史和文化意义，反映了日本人民对传统文化的珍视和传承。

另外，对于传统服饰的保护和传承也是日本文化的一部分。许多传统服饰的制作过程依然采用传统的手工艺技术，如手织、手染和手工刺绣等。同时，有一些专门的机构和学校致力于传授传统服饰制作的技艺，以确保这一文化遗产的传承。

总体而言，日本的传统服饰体现了对细节和品位的追求，展现了日本人民对传统文化的尊重和传承。通过穿着传统服饰，人们可以感受到日本独特的美学和文化价值观，同时展示自己对传统文化的认同和崇敬。这些传统服饰不仅是一种外观装饰，更是日本传统生活文化中重要的一部分。

（四）歌舞伎与能剧

歌舞伎是日本最具代表性的传统戏剧形式之一。它源于 17 世纪，经过数百年的发展，成为日本文化的瑰宝。歌舞伎以其夸张的表演风格、精美的化装和华丽的服装而闻名于世。

歌舞伎的表演风格独特而生动。演员们通过剧烈的肢体动作、高亢的声音和夸张的面部表情，将故事情节生动地展现出来。他们以丰富的表演技巧和强烈的表演意愿，塑造出各种各样的角色，包括勇敢的武士、娇弱的女性和狡猾的恶棍等。歌舞伎演员的表演要求高度的技巧和体力，他们经过长期的训练和实践，掌握了独特的演艺技巧。

歌舞伎的化装和服装是其重要的视觉元素。演员们会化装成各种不同的角色形象，使用精细的面部化妆和特殊的面具，以突出角色的特点和个性。同时，他们穿着华丽的传统服装，包括丰富多彩的袍子、长袍、头饰和武士盔甲等。这些服装通过细腻的织物、精湛的刺绣和独特的设计，展现日本传统文化的独特魅力。

能剧是另一种重要的日本传统戏剧形式。它源于 14 世纪，被认为是日本最古老的舞蹈戏剧形式之一。能剧注重肢体表演、音乐和舞蹈的综合表现，以神秘的氛围和古老的故事情节吸引观众。

在剧中，演员们通过缓慢而优雅的肢体动作、准确的节奏和舞蹈技巧，将故事情节和角色情感传达给观众。剧烈的音乐由鼓、笛子和弦乐器等传统乐器组成，通过独特的音调和节奏，营造出独特的音乐氛围。同时，演员们通过面具和特殊的服装，诠释出不同角色的特征和情感。

剧烈的故事情节通常取材自日本的神话传说、历史故事和文学作品。它们讲述着英雄、神灵和恶魔之间的战斗、爱情和冲突，展现人性的复杂和世界的奇幻。

与歌舞伎相比，剧烈的表演风格更加庄重和克制。演员们通过精准而细腻的肢体表演，展示角色的内心世界和情感变化。他们通过各种特殊技巧，如面部表情、眼神的运用和特殊的步伐，传达出角色的情感和意义。同时，音乐和舞蹈在能剧中扮演着重要的角色。音乐通过独特的节奏和声，增强了剧情的紧张感和情感的张力。舞蹈则通过舞者的优雅动作和身体的控制，表达出角色的情感和故事的发展。

总的来说，歌舞伎和能剧作为日本传统戏剧形式，不仅是艺术表演，更是文化的传承和表达。它们通过戏剧性的故事、精湛的表演和华丽的视觉效果，向观众展现了丰富多彩的日本文化和传统价值观。同时，这些传统戏剧形式在现代社会中仍然受到重视和欣赏，吸引着国内外的观众，成了日本文化的重要象征。

三、韩国的传统生活文化

（一）家族和社区的重要性

在韩国传统生活文化中，家族和社区被视为社会结构的基石，以家庭为单位的紧密关系在日常生活中扮演着重要的角色。家庭被视为一个整体，成员之间的亲密关系和相互支持是韩国社会的核心价值观。

韩国家庭关系十分密切,家庭成员之间的相互尊重和互助是文化的重要组成部分。尊重长辈是韩国文化中的重要传统,年长者被视为家庭中的权威和智慧的象征,年幼者则要向长辈表达敬意和孝顺。这种尊重长辈的观念不仅体现在言谈举止上,还体现在家庭决策和家族事务的处理上。长辈的意见和决定往往受到其他家庭成员的尊重和遵循。

传统的家族价值观在韩国社会中扮演着重要的角色。家族的延续和家族的荣誉被认为是家庭的重要责任。子女被期望继承家族的传统和价值观,为家族的荣誉和利益做出贡献。家族成员之间的联系和互助关系也非常紧密,特别是在重大事件和困难时期,家族成员会团结在一起,共同应对挑战。这种家族关系的紧密性在日常生活中得到体现,如家族聚会、共同经营家族企业和互相帮助的行为。

除了家庭,社区也在韩国传统生活文化中扮演着重要的角色。社区被视为一个扩展的家庭,邻里之间的相互帮助、支持和合作被视为理所当然的事情。社区中的人们经常通过各种活动和庆典来加强彼此之间的联系,促进社会凝聚力和和谐共处。社区活动如传统的节日庆典、邻里聚会和志愿服务等成为人们交流、互动和分享喜悦的平台。

家族和社区的重要性反映了韩国传统生活文化中对人际关系、互助和共同利益的重视。家族和社区的稳定和和谐对于韩国人民来说是至关重要的,它们不仅提供了情感和精神支持,还为个体和整个社会提供了社会凝聚力和互助的网络。家族和社区的价值观在韩国传统生活中被认为是文化认同和社会认同的重要基础。

在现代社会,尽管韩国的家庭结构和社区关系发生了变化,家族和社区仍然扮演着重要的角色。韩国人民仍然重视家庭和社区的联系,并将其视为维持社会稳定和和谐的基础。许多家庭仍然坚守着尊重长辈、传承家族传统和关心家庭荣誉的价值观。同时,社区仍然是人们相互帮助、共同庆祝节日和解决问题的场所。

总的来说,韩国传统生活文化中的家族和社区的重要性体现了对人际关系、传统价值观和社会凝聚力的重视。这种文化传统在日常生活中得到体现,对韩国人民的行为、决策和社会交往方式产生了深远的影响。它们不仅有助于个体的发展和幸福,也为整个社会的和谐和发展做出了贡献。

(二)传统服饰与礼仪

韩国的传统服饰韩服也称韩国传统服装。韩服以其独特的设计、精美的织物和丰富多彩的颜色而闻名于世。

韩服的设计注重舒适和自然。它采用宽松的剪裁和柔软的面料,以营造舒适的穿着感。男性的韩服通常包括上衣和裤子,而女性的韩服由上衣和长裙组成。韩服的颜色和图案多样,常见的颜色包括明亮的红色、深沉的蓝色和雅致的白色。图案方面,韩服常以自然界的花卉、鸟类和云纹等为主题，注重细致的绣花和刺绣技艺。

韩服在特殊场合和传统节日中被广泛穿着。例如，韩国的传统婚礼中，新娘和新郎会穿着华丽的韩服，展现出庄重和典雅的氛围。在重要的庆典和传统节日如韩国的新年和秋夕等，人们也会选择穿着韩服，表达对传统文化的尊重和热爱。

除了传统服饰，韩国的传统饰品也具有独特的风格和意义。传统饰品包括发饰、耳环、项链、手镯等，常常采用金属、玉石、珠子等材料制作。这些饰品不仅用于装饰，还传递着一定的象征意义。例如，金饰常被视为财富和幸运的象征，而珠子和玉石被视为纯洁和美好的象征。

与传统服饰相伴随的是韩国人民注重礼仪的传统。韩国人尊重他人、注重礼仪和保持适当的社交礼节是他们的传统价值观。在韩国社会中，人们被教导要尊敬年长者，表达敬意和孝顺。

韩国人还非常注重用语和言辞的选择。他们会使用恰当的敬语和尊称来与长辈和上级交流，表达对对方的尊重和敬意。在家庭和社区中，韩国人经常使用称呼词来表示对对方关系的尊重和亲近。这种尊重他人的态度在家庭、学校、工作场所以及社交场合都得到广泛应用。

在韩国的传统文化中，礼仪还体现在饮食方面。韩国的传统餐桌礼仪十分注重整齐有序和共同分享的价值观。在用餐过程中，人们会注意用筷子的正确使用方法，尊重他人的餐前祷告，注重与家人和朋友共同享用食物的氛围。

总的来说，韩国的传统服饰与礼仪在韩国传统生活文化中扮演着重要的角色。它们不仅是韩国文化的重要组成部分，也是对传统价值观和尊重传统的表达。通过传统服饰的穿着和传统礼仪的遵循，韩国人民展现了对自身文化的自豪和对他人的尊重。这种传统服饰与礼仪的传承和实践，也有助于维持韩国社会的和谐与凝聚力。

（三）传统音乐与舞蹈

韩国传统音乐与舞蹈是韩国文化中不可或缺的重要组成部分，它们承载着丰富的历史、情感和文化内涵。

传统音乐在韩国被称为"古乐"，它是由各种传统乐器演奏和歌唱组成的。其中一些乐器包括传统的弦乐器如箜篌和二胡，以及管乐器如笛子和大鼓。这些乐器各具特色，通过不同的演奏技巧和音调，营造出独特的音乐韵味。传统音乐在韩国文化中扮演着重要的角色，它被用于庆典、舞蹈表演和戏剧演出等各种场合。

韩国传统舞蹈以其优雅、细腻和独特的舞姿而著称。传统舞蹈通常通过特定的舞步、手势和身体动作来表达情感和叙述故事。其中，鼓舞是一种以扇子为主要道具的舞蹈形式。舞者们穿着传统服饰，手持美丽的扇子，以流畅而精确的舞姿表演出优雅的舞蹈动作。鼓舞常常在庆典、婚礼和重要场合上演，展示出韩国舞蹈的独特魅力和优美。

此外，韩国还有许多其他传统舞蹈形式，如扇舞、龙舞和草鞋舞，每一种舞蹈都有其独特的意义，代表着韩国传统文化中的不同价值观和民俗传统。

韩国传统音乐与舞蹈的表演不仅展示了艺术的美感，也传递着深厚的文化内涵和民族精神。它们反映了韩国人对自然界、人生和传统价值观的理解与表达。这些传统艺术形式是通过世代相传的方式传承下来的，对于韩国人来说具有重要的意义。

传统音乐和舞蹈在韩国文化中扮演着多种角色。首先，它们是一种娱乐形式，为人们提供欢乐和享受。音乐和舞蹈的表演常常伴随欢快的节奏和动感的舞蹈动作，为观众带来愉悦和兴奋的体验。其次，它们是一种文化表达方式，通过音乐和舞蹈，人们可以传递情感、叙述故事、展现美感和传统价值观。韩国传统音乐和舞蹈中融入了丰富的历史、民俗，使其成为一种独特而丰富的文化形式。

传统音乐和舞蹈也是韩国人民对自然界和人生的理解和表达。在音乐中，人们可以感受到韩国人民对大自然的敬畏和感激之情，音乐中常运用自然界的声音和元素，如鸟鸣、风声和水流等。而舞蹈则通过舞者的身体语言和动作表达出对人生的思考和感悟，包括喜悦、悲伤、爱情、战争等各种情感和主题。

在韩国传统音乐和舞蹈的演出中，不仅有专业的艺术家和表演者，也有普通人参与其中。这种广泛的参与使传统音乐和舞蹈成为一个社交和凝聚力的媒介。人们可以通过学习和参与传统音乐和舞蹈，加深对文化的理解和认同，同时增进人与人之间的联系和交流。

总的来说，韩国传统音乐和舞蹈作为韩国文化的重要组成部分，不仅展示了艺术的美感，同时传递着深厚的文化内涵和民族精神。它们是韩国人对传统价值观、历史和文化传统的珍视和传承，也是一种连接过去和现在、连接人与人的纽带。通过传统音乐和舞蹈的表演和传承，韩国人民将其独特的文化遗产传递给后代，保护和发展着这一宝贵的艺术形式。韩国人民通过传统音乐和舞蹈，展示了他们对自身文化的自豪和热爱，同时为世界展示了韩国的独特艺术风采。

思考题

1. 饮食文化在东亚传统生活中扮演着重要的角色，它如何反映了人们对食物的态度和价值观？

2. 东亚传统生活文化中的生活方式有何特点？这些特点如何与现代生活方式相比较？

3. 民俗文化在东亚地区扮演着重要的社会和文化角色，它是如何维系和传承社区的凝聚力和认同感的？

4. 东亚传统生活文化中的庆典和节日活动如何反映了人们的信仰和对神圣的敬意？

5. 传统生活文化的传承和保护对于东亚社会的发展和文化多样性有何重要意义？

请注意，这些思考题旨在促使你思考和讨论东亚民俗文化的相关议题，你可以根据自己的知识和观点进行回答和探讨。

参考文献

[1] 张红，易崇英. 红色文化传播与江西特色动漫产业构建［J］. 新闻爱好者，2012（21）：75-77.

[2] 闫荟，恽如伟. 动漫——文化传播的新媒介［J］. 新闻爱好者，2010（8）：19-20.

[3] 彭南，陈艳，常彩云，等. 当代动漫产业原创重要性分析［J］. 科技与企业，2014（16）：322.

[4] 陈玲. 动漫产业发展与民族文化传播的一些问题思考［J］. 电影评介，2010（8）：15.

[5] 刘航宇，李璟. 中国戏曲艺术的动漫化传播与接受［J］. 四川戏剧，2021（3）：183-185.

[6] 石蔚. 借助动漫提升福建区域文化软实力对策研究［J］. 梧州学院学报，2014，24（2）：52-55，60.

[7] 朱麟，刘辉. 我国文化传播的动漫路径探讨［J］. 商业时代，2013（6）：144-145.

[8] 四川天煜文化传播［J］. 四川省情，2023（2）：65.

[9] 闫伊默，吴帆. 以"可沟通城市"理念推动红色文化传播［J］. 人民论坛，2023（1）：107-109.

[10] 师海婷. 县级融媒体乡村文化传播的发展困境研究——基于分宜县融媒体中心的个案研究［J］. 大学，2021（1）：14-15.

[11] 刘晓哲. 传入朝鲜半岛琵琶的发展与研究［J］. 北极光，2019（9）：30-31.

[12] 宋旭彤. 关于朝鲜半岛乡琵琶来源问题探讨［J］. 北方音乐，2015，35（17）：211.

[13] 钟芳芳. 五弦琵琶东传朝鲜半岛及其本土化研究［J］. 温州大学学报（社会科学版），2021，34（3）：15-23.

[14] 刘文荣. 文本、图像、仪式：河西走廊水陆画与敦煌壁画等"星曜"主题内容所见持琵琶图像解读［J］. 歌海，2022（5）：42-54.

[15] 张悠悠. 琵琶独奏曲《琵琶行》的演奏技法与音乐表现［J］. 当代音乐，2022（11）：134-136.

[16] 徐贺. 摭谈传统丝弦琵琶与现代钢弦琵琶的差异［J］. 中国民族博览，2022（16）：169-170.

[17] 张哲. 高校琵琶课程教学中对学生审美能力的培育与优化措施分析［J］. 大众文艺，2023（3）：165-167.

[18] 赵淑晴. 非物质文化遗产视野下对琵琶音乐的传承与保护［J］. 文化产业，2022（5）：34-36.

[19] 陈宇. 漫话琵琶的演变及其在中国的发展［J］. 乐器，2022（3）：44-46.

[20] 袁飞. 论琵琶音乐在群众文化活动中的渗透和普及［J］. 黄河之声，2021（24）：139-141.

[21] 李杨. 丝绸之路弦鸣乐器的跨时空相聚与思考［J］. 交响（西安音乐学院学报），2021，40（4）：17-22.

[22] 陈兴华. 一种新的弦鸣乐器共鸣体初制简介［J］. 乐器，2006（11）：18.

[23] 马韵斐. 中国拉奏弦鸣乐器的伊始——棒擦［J］. 艺术百家，2004（3）：80-83.

[24] 赵春婷，施鹤皋. 充满活力的非洲节奏（六）——邮票中的非洲乐器［J］. 乐器，2017（2）：62-64.

[25] 吴璇. 龙门石窟音乐图像中的弦鸣乐器研究［J］. 艺术评鉴，2018（3）：37-38.

[26] 齐艳红. 关于蒙古族弦鸣乐器——雅托噶演奏技巧探究［J］. 北方音乐，2015（22）：16-17.

[27] 沈乐. 中亚五国乐器简述［J］. 音乐时空，2014（5）：118.

[28] 罗鹏. 左右手力度训练对板胡演奏的重要性［J］. 音乐时空，2015（10）：94.

[29] 赵春婷，施鹤皋. 亚细亚传来的乐音（十四）——邮票中的亚洲传统乐器［J］. 乐器，2015（8）：54-56.

[30] 互联网＋分享经济 福合天韵让天下有琴人奏出好声音［J］. 当代音乐，2016（23）：51.

[31] 徐州. 存在主义视域下电影《爱情万岁》的美学解读［J］. 艺术科技，2017（5）：113.

[32] 胡良霖，朱艳华，李坤，等. 科学数据伦理关键问题研究［J］. 中国科技资源导刊，2022（1）：11-20.

[33] 胡可欣. 从《空房间》剖析金基德电影的艺术特色［J］. 视听，2020（4）：87-88.

[34] 江伟. 最后的哭泣——品读蔡明亮的作品《爱情万岁》［J］. 新闻研究导刊，2019，10（18）：120，209.

[35] 曹紫烨. 沉默在现实与梦境中——浅谈电影《空房间》［J］. 电视指南，2017（16）：4-5.

[36] 段本嵩. 电影《空房间》的叙事手法简析［J］. 佳木斯职业学院学报，2017（7）：93.

[37] 李天珠. 从《空房间》看金基德影片中的失语性与封闭性［J］. 艺术科技，2016，29（8）：104，158.

[38] 赵茜. 让静默说话——金基德电影《空房间》的空间与叙事［J］. 长春教育学院学报，2015（15）：44-45.

[39] 郝春燕. 韩国电影《空房间》的浪漫主义生存观分析［J］. 电影文学，2014（18）：31-32.

[40] 冯蒸，王晓晖.《切韵》韵母表排列法研究［J］. 语言研究，2020（2）：77-90.

[41] 仝小琳. 论《切韵》系韵书体制之流变［J］. 语言研究，2018（2）：77-81.

[42] 方庆蓉. 从颜之推看《切韵》音系的性质［J］. 鸡西大学学报，2014（3）：140-142.

[43] 尹凯. 从古代文人的"正音"意识再谈《切韵》音系的性质［J］. 邢台学院学报，2014，29（3）：144-146.

[44] 江畅. 非常伦理的必要性及合理限度［J］. 中州学刊，2022（12）：113-121.

[45] 任会宝. "弱势群体"的伦理扶贫——以"死哪讹哪"现象为例［J］. 河南理工大学学报（社会科学版），2023（1）：22-26，69.

[46] 李建华. 伦理关联：理据、方式与复杂性［J］. 求索，2023（2）：5-15.

[47] 张威，陈曦明. 基础能力：从应有伦理转化为实际伦理的必备能力——对三个案例的解析［J］. 中国社会工作，2023（4）：30-31.

[48] 伊涛. 伦理类案的古今发生和裁判：伦理的司法安置［J］. 荆楚法学，2023（2）：136-150.

[49] 靳凤林. 建构中华伦理文明新形态的五个着力点［J］. 伦理学研究，2023（1）：33-34.

[50] 易小明. 把握中华伦理文明新形态的必要维度［J］. 道德与文明，2023（2）：44-54.

[51] 杨国荣. "非常伦理"的道德内涵［J］. 哲学动态，2023（2）：5-12，126.

[52] 刘海明. 社会伦理与社会伦理心态关系缕析［J］. 阴山学刊，2021，34（6）：76-88.